Baden-Württemberg

Baden-Württemberg

Fotos von
Andreas Beck, Rainer Fieselmann und Manfred Grohe
Text von Martin Klaus
Deutsch – englisch – französisch – spanisch

Baden-Württemberg

Photographs by
Andreas Beck, Rainer Fieselmann and Manfred Grohe
Text by Martin Klaus
German – English – French – Spanish

Bade-Wurtemberg

Photographies de
Andreas Beck, Rainer Fieselmann et Manfred Grohe
Texte de Martin Klaus
En allemand – anglais – français – espagnol

Baden-Württemberg

Fotos de
Andreas Beck, Rainer Fieselmann y Manfred Grohe
Texto de Martin Klaus
Alemán – inglés – francés – español

Silberburg-Verlag

Das Brückentor an der Alten Brücke (Karl-Theodor-Brücke), das mit seinen zwei Türmen früher Teil der Stadtmauer Heidelbergs war.

Gate of the Old Bridge (Karl-Theodor-Brücke) which, with its two towers, was once a part of the town wall of Heidelberg.

La porte de la ville sur le pont «Alte Brücke» (Karl-Theodor-Brücke), avec ses deux tours, faisait autrefois partie de l'enceinte de la ville.

El portón del puente del Puente Viejo (Puente de Karl-Theodor), que con sus dos torres fue antiguamente parte de las murallas de la ciudad de Heidelberg.

Blick auf Heidelberg am Neckar mit der Ruine des kurpfälzischen Schlosses, mit der Altstadt und der Alten Brücke.

View of Heidelberg upon the Neckar, with the ruins of the Palatinate castle, the old town centre and the Old Bridge.

Vue sur Heidelberg située au bord du Neckar avec les ruines du château des Electeurs palatins, la vieille ville et le pont ancien appelé «Alte Brücke».

Vista sobre Heidelberg a orillas del Neckar con las ruinas del castillo de la Kurpfalz (región palatina), con la ciudad antigua y el Puente Viejo.

Seite 2:
Die Farben des Landes Baden-Württemberg wehen über dem Glockenturm des Heidelberger Schlosses.

Page 2:
The flag of Baden-Württemberg flies high over the bell-tower of Heidelberg Castle.

Page 2:
Le drapeau du Land de Bade-Wurtemberg flotte sur la tour-clocher du château de Heidelberg.

Página 2:
La bandera del país de Baden-Württemberg ondea sobre el campanario del castillo de Heidelberg.

Die rekonstruierte Jupitergigantensäule vor dem ehemaligen Bischofshof in Ladenburg kündet von der römischen Vergangenheit dieser Stadt.

The gigantic Jupiter column in front of the former bishop's court in Ladenburg, now rebuilt, is evidence of the town's Roman past.

La colonne de Jupiter à l'anguipède reconstituée devant l'ancienne propriété des évêques à Ladenburg atteste du passé romain de cette ville.

La gigante columna de Júpiter, la cual ha sido reconstruida, delante del patio obispal de Ladenburg, nos cuenta sobre el pasado romano de esta ciudad.

Oberhalb der Stadt Schriesheim an der Bergstraße erhebt sich die mächtige Ruine der Strahlenburg. Von hier aus bietet sich ein herrlicher Blick auf die weite Rheinebene.

Above the town of Schriesheim on the mountain route "Bergstraße" reign the mighty ruins of Strahlenburg. From here you are offered a superb view out over the expansive plains of the Rhine River.

Au-dessus de la ville de Schriesheim située dans la région nommée «Bergstraße» s'élèvent les ruines majestueuses du Strahlenburg. On a depuis ici une vue superbe sur la vaste plaine du Rhin.

Por encima de la ciudad de Schriesheim, en la Bergstraße (Ruta de los Montes), se levanta la poderosa ruina de Strahlenburg. Desde aquí se ofrece un maravilloso panorama sobre el vasto llano del Rhein.

Mannheim, Metropole an Rhein und Neckar. Früher Residenz der pfälzischen Kurfürsten, heute wichtige Hafen- und Industriestadt.
Oben: Der Wasserturm am Friedrichsplatz, Wahrzeichen Mannheims, steht inmitten der größten Jugendstil-Parkanlage Europas.

Mannheim—metropolis on both Rhine and Neckar. Former residence of the Palatinate electors, today an important port and industrial town.
Above: The water tower, distinctive feature of Mannheim, stands in the square Friedrichsplatz in the middle of the largest Art Nouveau park grounds in Europe.

Mannheim, métropole implantée sur le Rhin et sur le Neckar, était autrefois la résidence des princes électeurs du Palatinat et est aujourd'hui une importante ville portuaire et industrielle.
En haut: Le château d'eau sur la Friedrichsplatz, le signe de reconnaissance de Mannheim, se dresse au milieu du plus grand parc en Art Nouveau d'Europe.

Mannheim, metrópolis a orillas del Rhein y del Neckar. Antigua residencia de los príncipes palatinos, hoy una importante ciudad portuaria e industrial.
Arriba: La torre de agua en la plaza de Friedrich, símbolo de Mannheim, se encuentra en medio del parque más grande del Jugendstil (estilo joven) de Europa.

Auf dem Markt der Spargelmetropole Schwetzingen wird das frisch gestochene königliche Gemüse feilgeboten.
Unten: Eine der vielen Skulpturen im barocken Schwetzinger Schlossgarten: die arkadische Jägerin Atalante.

At the market in the asparagus metropolis of Schwetzingen this freshly cut royal vegetable is offered for sale.
Below: One of many sculptures in the gardens of the Baroque Schwetzinger Castle: the Arcadian huntress Atalanta.

Sur le marché de Schwetzingen, la capitale de l'asperge, le légume royal fraîchement cueilli est mis en vente.
En bas: L'une des nombreuses sculptures du parc baroque du château baroque de Schwetzingen: Atalante la chasseresse arcadienne.

En el mercado de la metrópolis del espárrago Schwetzingen es ofrecida la verdura real recién cortada.
Abajo: Una de las muchas esculturas en el jardín barroco del castillo de Schwetzingen:
la cazadora arcádica Atalante.

Das Palm'sche Haus von 1610 am Marktplatz von Mosbach ist eines der schönsten Fachwerkgebäude Süddeutschlands.
Unten: Die Burg Zwingenberg liegt majestätisch in den bewaldeten Odenwald-Hängen oberhalb des Neckars.

The Palm'sche Haus (1610), in the market square in Mosbach, is one of the most beautiful half-timbered buildings in South Germany.
Below: Above the Neckar, the stronghold Burg Zwingenberg lies majestic upon the forest-clad slopes of the Odenwald.

La Maison «Palm'sche Haus» de 1610 bordant la place du marché de Mosbach est l'une des plus belles maisons à colombage du sud de l'Allemagne.
En bas: Le château fort de Zwingenberg se dresse majestueux dans les pentes boisées de l'Odenwald au-dessus du Neckar.

La casa del año 1610 de la familia Palm en la plaza del mercado de Mosbach es una de las construcciones de fachada entramada más bellas de Alemania.
Abajo: El castillo fortificado Zwingenberg se ubica majestuoso en las laderas boscosas del bosque Odenwald, arriba del río Neckar.

Riesige Hochspannungsmasten umgeben das umstrittene älteste deutsche Kernkraftwerk bei Obrigheim am Neckar.

Gigantic high voltage pylons surround the disputed oldest German atomic power station near Obrigheim on the Neckar.

Les gigantesques pylones des lignes à haute tension entourent la controversée plus vieille centrale atomique d'Allemagne près d'Obrigheim am Neckar.

Inmensas torres de alta tensión rodean la discutida central nuclear más antigua de Alemania cerca de Obrigheim a orillas del Neckar.

Der Südturm der Burg Hornberg bei Neckarzimmern. Hier lebte der bekannte Ritter Götz von Berlichingen.

South Tower of the stronghold Burg Hornberg near Neckarzimmern. This was the home of the well-known Knight Götz von Berlichingen.

La tour sud du château fort de Hornberg près de Neckarzimmern. Il fut le domicile du célèbre chevalier Götz von Berlichingen.

La torre sur del castillo fortificado Burg Hornberg cerca de Neckarzimmern. Aquí vivió el conocido caballero Götz de Berlichingen.

Der »Spitze Turm« in Wertheim.
Nur einen Steinwurf entfernt
mündet die Tauber in den Main.

The pointed tower "Spitzer Turm" in Wertheim.
Only a stone's throw away the Tauber flows into the Main.

La «Spitzer Turm» à Wertheim.
Tout près de là la rivière Tauber se jette dans le Main.

La «Spitzer Turm» (Torre Puntiaguda) en Wertheim.
A una distancia de tiro de piedra desemboca el río Tauber en el río Main.

Rebenbestandene Felsterrassen am Neckar und die eindrucksvolle Burg Horneck, früher Sitz des »Deutschen Ordens«, prägen das Stadtbild Gundelsheims.

Vine-clad cliff terraces on the Neckar and the impressive stronghold Burg Horneck, former seat of the "Deutscher Orden", shape the townscape of Gundelsheim.

Des terrasses plantées de vignes sur les bords du Neckar et l'impressionnant château fort de Hornberg, ancien siège de «l'Ordre Teutonique», contribuent à forger l'image de la ville de Gundelsheim.

Terrazas de rocas con viñedos cerca del Neckar y el impresionante castillo fortificado Hornberg, antigua sede de la «Orden Alemana», caracterizan la imagen de la ciudad de Gundelsheim.

Mekka der Motorsportbegeisterten:
der Hockenheim-Ring.

Mecca for motor sports enthusiasts:
Hockenheim-Ring.

La Mecque des passionnés
de sport automobile:
le circuit de Hockenheim.

La meca de los amantes
del deporte de motor:
la Circunvalación de Hockenheim.

Auf den Golfplätzen
von Sankt Leon-Rot finden Turniere
von internationalem Rang statt.

At the golf courses
of Sankt Leon-Rot tournaments of
international standing take place.

Sur les terrains de golf de
Sankt Leon-Rot ont lieu des tournois
de classe internationale.

En el campo de golf
de Sankt Leon-Rot tienen lugar
torneos de rango internacional

Die untergehende Sonne taucht die
Getreidefelder im Bauland bei
Buchen in ein märchenhaftes Licht.

The setting sun bathes the cornfields
of the Bauland area near Buchen
in fabulous light.

Le soleil se couchant plonge
les champs de céréales du Bauland
près de Buchen dans une lumière
magique.

El sol durante el ocaso cambia
con una luz de cuentos
los campos de grano en la región
de Bauland cerca de Buchen.

Aus dem Flugzeug erscheint die Altstadt
von Bad Mergentheim als geschlossenes Rund.
Im Vordergrund das Deutschordensschloss.

An aerial view of Bad Mergentheim shows
the old town centre a complete circle.
In the foreground: the castle of the
"Deutscher Orden".

Vue d'avion la vieille ville de Bad Mergentheim
révèle sa forme de cercle fermé. Au premier plan
le château de «l'Ordre Teutonique».

Desde el avión la ciudad antigua de
Bad Mergentheim parece un círculo cerrado.
Adelante el castillo de la «Orden Alemana».

Der Torturm mit Uhrengiebel
von Schloss Morstein bei Gerabronn.

The gate tower of Castle Morstein,
near Gerabronn, with its clock frontispiece.

La tour d'accès avec un fronton pourvu d'une horloge
du château de Morstein près de Gerabronn.

La torre del portón con su reloj en en el aguilón
del Castillo Morstein cerca de Gerabronn.

Steil ragt die »Anhäuser Mauer« bei Wallhausen im Kreis Schwäbisch Hall aus den Wiesen heraus. Sie ist der letzte Überrest eines einstmals stattlichen Klosters der Pauliner-Eremiten.

Near Wallhausen in the district of Schwäbisch Hall the "Anhäuser Mauer" stands out sharply amidst the fields. These are last remains of a former stately monastery of the Pauliner-Eremiten.

Près de Wallhausen dans le Kreis de Schwäbisch Hall, le «Anhäuser Mauer» se dresse au milieu des prés. Il s'agit du dernier vestige d'un monastère jadis de grande taille des ermites de l'ordre des minimes.

Empinado se yergue el «Anhäuser Mauer» por encima de los prados cerca de Wallhausen en el distrito de Schwäbisch Hall. Son los últimos restos de un magnífico convento antiguo de los Eremitas Paulinos.

Hoch über dem Tal der Bühler erhebt sich das mittelalterliche Städtchen Vellberg, das von einem Renaissance-Schloss mit eindrucksvollem Treppengiebel beherrscht wird.

High above the Bühler Valley stands the little mediaeval town of Vellberg, marked by its Renaissance castle with impressive step-shaped gable.

Surplombant nettement la vallée de la rivière Bühler se dresse la petite cité médiévale de Vellberg, dominée par un château Renaissance avec un impressionnant fronton à redans.

Arriba sobre el valle de Bühl se levanta la pequeña ciudad medieval Vellberg, que se encuentra dominada por un castillo renacentista con un impresionante frontispicio escalonado.

Südlich von Schwäbisch Hall thront die imposante Anlage des ehemaligen Benediktinerklosters Groß-Comburg hoch über dem Kochertal.

South of Schwäbisch Hall, reigning high above the Kocher Valley, lies the imposing, former Benedictine monastery of Groß-Comburg.

Au sud de Schwäbisch Hall trône l'imposant site de l'ancien couvent des bénédictins de Groß-Comburg placé bien au-dessus de la vallée de la rivière Kocher.

Al sur de Schwäbisch Hall reinan las imponentes instalaciones del antiguo Convento de los Benedictinos Groß-Comburg, arriba sobre el valle de Kocher.

Die Michaelskirche mit ihrer großen Freitreppe ist Zentrum und Wahrzeichen der Stadt Schwäbisch Hall. Auf der Treppe finden alljährlich Theatervorstellungen unter freiem Himmel statt.

The church Michaelskirche with its great open stairs is centre point and distinguishing feature of the town of Schwäbisch Hall.
Each year there are open-air theatre performances upon these steps.

L'église Saint-Michel avec son grand escalier extérieur est le centre et le symbole de la ville de Schwäbisch Hall. Sur cet escalier ont lieu tous les ans des représentations théâtrales en plein air.

La iglesia Michaelskirche (Iglesia de San Miguel) con su gran escalera es el centro y la señal distintiva de la ciudad de Schwäbisch Hall. Sobre la escalera tienen lugar anualmente representaciones teatrales al aire libre.

Die Wallfahrtskapelle Sankt Anna in Mulfingen im Hohenlohekreis ist ein gotisches Kleinod.

The pilgrimage chapel of Saint Anna in Mulfingen in the Hohenlohe district is a Gothic jewel.

La chapelle de pèlerinage Sankt Anna à Mulfingen dans le Kreis de Hohenlohe est un joyau gothique.

La capilla de peregrinaje Santa Ana en Mulfingen en el distrito de Hohenlohe es una joya gótica.

Bei Braunsbach-Geislingen überquert die Autobahn auf einer der höchsten Brücken Europas das Kochertal.

Near Braunsbach-Geislingen the motorway crosses the Kocher Valley over one of the highest bridges in Europe.

Près de Braunsbach-Geislingen l'autoroute franchit la vallée du Kocher sur un des ponts les plus hauts d'Europe.

Cerca de Braunsbach-Geislingen la autopista atraviesa el valle de Kocher por uno de los puentes más altos de Europa.

Künzelsau, ein malerisches fränkisches Städtchen im Kochertal, ist das Zentrum des Hohenlohekreises.

Künzelsau, a picturesque little Franconian town in the Kocher Valley, forms the centre of the Hohenlohe district.

Künzelsau, une pittoresque petite ville franconienne dans le Kochertal est le centre du Kreis de Hohenlohe.

Künzelsau, una pintoresca y pequeña ciudad franca en el valle de Kocher, es el centro del distrito de Hohenlohe.

Im ehemaligen Zisterzienserkloster Schöntal.

Interior view of the former Cistercian monastery Schöntal.

Dans l'ancien couvent cistercien de Schöntal.

En el antiguo Convento de los Cistercienses en Schöntal.

Die Kirche von Schloss Bartenstein in Hohenlohe beeindruckt durch ihre frühbarocke, verglaste Fürstenloge.

The church of Castle Bartenstein in Hohenlohe with its impressive Early Baroque royal pews encased in glass.

Dans l'église du château de Bartenstein dans le Hohenlohe l'impressionnante loge princière vitrée du début du baroque.

La iglesia del castillo de Bartenstein en Hohenlohe impresiona por su logia de vitrales de estilo barroco temprano para príncipes.

Blick vom Schemelsberg
auf die Burgruine Weibertreu
bei Weinsberg.

From Schemelsberg, view of the
Weibertreu stronghold ruins
near Weinsberg.

Vue depuis le Schemelsberg sur
les ruines du château fort de
Weibertreu près de Weinsberg.

Vista desde el monte Schemelsberg (Monte del Banquito) hacia
las ruinas del castillo fortificado
Weibertreu (la Fidelidad de las
Mujeres) cerca de Weinsberg.

Lang streckt sich die Altstadt von
Bad Wimpfen mit ihren vielen Türmen am
Hochufer des Neckars. Im Hintergrund
die Ritterstiftskirche Wimpfen im Tal.

The old town centre of Bad Wimpfen with its
many towers extends along the upper bank
of the Neckar; in the background, the church
Ritterstiftskirche of Wimpfen im Tal.

La vieille ville de Bad Wimpfen s'étire
avec ses nombreuses tours sur la rive
surélevée du Neckar. A l'arrière-plan
la Ritterstiftskirche à Wimpfen im Tal.

La ciudad antigua del balneario de
Bad Wimpfen se extiende con sus muchas
torres en las riberas altas del Neckar.
Al fondo, la Colegiata de los Caballeros
de Wimpfen im Tal.

Heilbronn ist Zentrum des so genannten »Unterlandes«. Ausgedehnte Industrie- und Hafenanlagen weisen die Stadt als wichtigen Wirtschaftsstandort in Baden-Württemberg aus. Im Hintergrund sieht man die Produktionsanlagen der Audi AG in Neckarsulm.

Heilbronn is the centre of the so-called "Unterland" (Lower Land). Extensive industrial grounds and its docks make evident the town's importance as an economic centre in Baden-Württemberg. Visible in the background are the production plants of Audi AG in Neckarsulm.

Heilbronn est le centre de la région appelée «Unterland». De vastes installations portuaires et industrielles font de la ville un important pôle économique du Bade-Wurtemberg. Dans le fond on voit les sites de production de Audi à Neckarsulm.

Heilbronn es el centro del así llamado «Unterland» (País Bajo). Extensas instalaciones industriales y portuarias son pruebas de que la ciudad es un importante centro económico en Baden-Württemberg. Al fondo, se ven las instalaciones de producción de la Sociedad Anónima Audi en Neckarsulm.

Der Turm der Heilbronner Kilianskirche gilt als erster Renaissance-Turm nördlich der Alpen.

The church-tower of Kilianskirche in Heilbronn is regarded as the first Renaissance tower to be built north of the Alps.

La tour de l'église Saint-Kilian de Heilbronn qui passe pour être le premier clocher Renaissance au nord des Alpes.

La torre de la Kilianskirche (Iglesia de Kilian) en Heilbronn está considerada la primera torre renacentista del norte de los Alpes.

Das Prunkstück am Heilbronner Rathaus ist die von Isaak Habrecht 1579/80 geschaffene astronomische Uhr.

The object of splendour adorning the Heilbronn town hall is its astronomical clock made in 1579/80 by Isaak Habrecht.

La pièce maîtresse de l'hôtel de ville de Heilbronn est l'horloge astronomique réalisée en 1579/80 par Isaak Habrecht.

El reloj astronómico creado por Isaak Habrecht entre los años 1579/80 es la pieza de joyería en el ayuntamiento de Heilbronn.

Das »Schiefe Haus« in Großbottwar ist ein typisches Winzerhaus aus dem 16. Jahrhundert.

The "Schiefes Haus", or "Leaning House", in Großbottwar is a typical winegrower's house of the 16th Century.

La maison dite «Schiefes Haus» à Großbottwar est typique des maisons de vignerons du 16e siècle.

La «Schiefe Haus» (Casa Chueca) en Großbottwar es la casa típica de un viticultor del siglo XVI.

Burg und Schloss Stettenfels oberhalb von Untergruppenbach.

Castle and Stronghold Stettenfels, above Untergruppenbach.

Au-dessus de Untergruppenbach, le château fort et le château de Stettenfels.

El castillo fortificado y el castillo de Stettenfels arriba de Untergruppenbach.

Besigheim: Altstadtpartie an der Enz mit dem Schochenturm, der Oberen Burg und der alten Stadtbefestigung.

Besigheim: old part of town on the Enz with its tower Schochenturm, stronghold Obere Burg and old fortification.

Besigheim: la partie de la vieille ville sur l'Enz avec la Schochenturm, le Obere Burg et les anciennes fortications de la ville.

Besigheim: impresiones de la ciudad antigua a orillas del Enz con la Torre del Schochen, el castillo fortificado superior y la antigua fortificación de la ciudad.

Eng geht es her in der Neckarschleife bei Lauffen, wenn sich lange Flussschiffe durch die Fahrrinne zwängen.

The waterway becomes narrow where the Neckar bends near Lauffen as long ships and barges force their way through the shipping channel.

Les grandes péniches ont du mal à passer à travers le chenal de la boucle du Neckar près de Lauffen.

Es muy estrecho cuando largos barcos fluviales tratan de pasar por el canal de la curva del río Neckar cerca de Lauffen.

Der Neckar bei Mundelsheim.

The Neckar near Mundelsheim.

Le Neckar près de Mundelsheim.

El río Neckar cerca de Mundelsheim.

Rekonstruierte Grabkammer des Keltenfürsten von Hochdorf.

Reconstructed burial chambers of the Celtic Prince of Hochdorf.

La reconstitution de la chambre funéraire du prince celte de Hochdorf.

Tumba reconstruida del príncipe de los celtas de Hochdorf.

Blick über die Ludwigsburger Residenz zum Favorite-Schloss. Barocke Symmetrie in seiner ausgeprägtesten Form.

View of the Ludwigsburg residential palace and over towards the castle Favorite. Baroque symmetry at its most distinct.

Vue par-delà le château de Ludwigsburg vers le château Favorite. La symétrie baroque dans sa forme la plus achevée.

Vista sobre la residencia de Ludwigsburg hacia el Castillo Favorite. Simetría barroca en su forma más perfecta.

Blick vom Oberen Marktplatz in Schorndorf auf die evangelische Stadtkirche.

View from the market-square "Oberer Marktplatz" in Schorndorf towards the Protestant town church.

Vue depuis le «Oberer Marktplatz» de Schorndorf vers l'église protestante de la ville.

Vista desde la plaza superior del mercado en Schorndorf hacia la iglesia evangélica de la ciudad.

Inmitten des Schwäbisch-Fränkischen Waldes liegen vereinzelte Gehöfte, wie hier ein Bauernhof bei Grab im Rems-Murr-Kreis.

In the midst of the Swabian-Franconian forest lie solitary farmsteads such as this farm near Grab in the Rems-Murr district.

Au milieu de la forêt souabe-franconienne se trouvent des domaines agricoles isolés, comme ici une ferme près de Grab dans le Kreis de Rems-Murr.

En medio del bosque suabio-franco se encuentran cortijos aislados, como aquí un cortijo cerca de Grab en el distrito Rems-Murr.

Das »Hundertwasser-Haus« in Plochingen wurde vom Wiener Künstler Friedensreich Hundertwasser entworfen und 1994 eingeweiht.

The "Hundertwasser House" in Plochingen was designed and opened in 1994 by the Viennese artist Friedensreich Hundertwasser.

La «maison Hundertwasser» à Plochingen conçue par l'artiste viennois Friedensreich Hundertwasser et inaugurée en 1994.

La «casa de Hundertwasser» en Plochingen fue planificada por el artista vienés Friedensreich Hundertwasser e inagurada en 1994.

Moderne und Tradition spiegeln sich in Waiblingens Innenstadt wider.

Modern and traditional styles find their reflection in Waiblingen's town centre.

La modernité et la tradition se renvoient leur image dans le centre ville de Waiblingen.

Modernidad y tradición se reflejan en el centro de la ciudad de Waiblingen.

Malerische Stadt zwischen Reben und Industrie – Esslingen am Neckar.

Picturesque town amidst vineyards and industry— Esslingen on the Neckar.

Une ville pittoresque entre les vignobles et les usines: Esslingen sur le Neckar.

Pintoresca ciudad entre vid e industria: Esslingen a orillas del Neckar.

Der Stuttgarter Fernsehturm, geplant von Fritz Leonhardt, ist weltweit der Erste seiner Art.

The television tower in Stuttgart, planned by Fritz Leonhardt, is the first of its kind in the world.

La tour de télévision de Stuttgart, construite sur des plans de Fritz Leonhardt, fut la première de son genre dans le monde entier.

La torre de televisión de Stuttgart planificada por Fritz Leonhardt, es la primera de su tipo en todo el mundo.

Alles auf einen Blick: Aus dem Flugzeug erblickt man das ganze Zentrum der Landeshauptstadt Stuttgart.

All at one glance: From the aeroplane you can see the entire centre of the regional capital Stuttgart.

Tout en un coup d'œil: d'avion on embrasse du regard tout le centre de la capitale du Land, Stuttgart.

Todo en un panorama: desde el avión se puede ver todo el centro de la capital del país: Stuttgart.

Das Neue Schloss in Stuttgart, ehemalige Residenz der Herzöge und Könige von Württemberg.

The castle Neues Schloss in Stuttgart, former residence of the Dukes and Kings of Württemberg.

Le «Neues Schloss» de Stuttgart, ancienne résidence des ducs et des rois de Wurtemberg.

El Castillo Nuevo en Stuttgart, antigua residencia de los duques y reyes de Baden-Württemberg.

Straßencafés am Stuttgarter Königsbau laden zum Verweilen ein.

Street cafés in Stuttgart's Königsbau invite you to linger a while.

Les terrasses des cafés devant le «Königsbau» de Stuttgart invitent à prendre son temps.

En el Palacio Real de Stuttgart, los cafés en las calles invitan a quedarse.

Die zweitürmige Stiftskirche, Stuttgarts ältestes Gotteshaus, spiegelt sich in einer modernen Glasfassade.

With its twin tower, the Stiftskirche: Stuttgart's oldest church—reflected in a modern glass façade.

La «Stiftskirche» avec ses deux tours, la plus ancienne église de Stuttgart, se reflète dans une façade en verre moderne.

La Colegiata con sus dos torres, la más antigua Casa de Dios de Stuttgart se refleja en una fachada de vidrio moderna.

Die umfassendste Kunstsammlung Baden-Württembergs
befindet sich in der Stuttgarter Staatsgalerie.

Without a doubt the most extensive collection of art in
Baden-Württemberg is to be found in Stuttgart's Staatsgalerie.

La collection d'art la plus complète du Bade-Wurtemberg
se trouve dans les Staatsgalerie de Stuttgart.

La más completa colección de arte de Baden-Württemberg
se encuentra en la Galería del Estado en Stuttgart.

Details der
Neuen Staatsgalerie des
britischen Architekten
James Sterling.

Details of the
Neue Staatsgalerie by the
British architect
James Sterling.

Des détails de la
Neue Staatsgalerie conçue
par l'architecte anglais
James Sterling.

Detalles de la
Nueva Galería del Estado
del arquitecto británico
James Sterling.

Flanieren unterm Glasdach:
Blick in die »Calwer Passage« (oben)
und die »Karlspassage« in Stuttgart.

Ambling beneath a glass roof:
view of Stuttgart's "Calwer Passage"
(above) and "Karlspassage".

Flâner sous des verrières:
vue sur le «Calwer Passage» (en haut)
et le «Karlspassage» de Stuttgart.

Pasearse bajo el techo de vidrio:
vista al «Calwer Passage» (arriba)
y al «Karlspassage» de Stuttgart.

Auf dem Wasen, direkt am Neckar, findet alljährlich das Cannstatter Volksfest statt.

On "Wasen", directly on the Neckar, the "Canstatter Volksfest" takes place annually.

Sur le terrain de «Wasen» sur les bords du Neckar a lieu tous les ans la kermesse de Cannstatt.

En el prado directamente a orillas del río Neckar, se realiza cada año la Fiesta Popular de Cannstatt.

Bei Porsche in Stuttgart-Zuffenhausen entstehen moderne Sportwagen.

By Porsche in Stuttgart-Zuffenhausen modern sports cars are produced.

Chez Porsche à Stuttgart-Zuffenhausen sont produites des voitures de sport modernes.

En la fábrica de Porsche en Stuttgart-Zuffenhausen se producen modernos coches deportivos.

In Stuttgart wurde das Auto erfunden; die DaimlerChrysler AG hat hier ihren Hauptsitz. Im Mercedes-Benz-Museum kann man die klassischen »Silberpfeile« aus nächster Nähe sehen.

The automobile was invented in Stuttgart: DaimlerChrysler AG has its headquarters here. At the Mercedes Benz Museum you can view the classic "Silberpfeile" at close range.

C'est à Stuttgart que l'on inventa l'automobile; la société DaimlerChrysler AG y a son siège principal. Dans le musée Mercedes-Benz on peut voir de tout près les classiques «Silberpfeile».

En Stuttgart se inventó el automóvil; la Sociedad Anónima DaimlerChrysler tiene aquí su sede principal. En el Museo de Mercedes-Benz se pueden ver las «flechas de plata» (autos de carreras clásicos) desde muy cerca.

Auf der fruchtbaren Filderebene befinden sich die riesigen Anlagen des Stuttgarter Flughafens.

On the arable plains of the Filder lies the huge complex of Stuttgart airport.

Sur les sols fertiles de la plaine de Filder sont établies les gigantesques installations de l'aéroport de Stuttgart.

En la fértil explanada de Fildern se encuentran las gigantescas instalaciones del aeropuerto de Stuttgart.

Leonberg ist berühmt für seinen Pferdemarkt, der schon seit mehr als 200 Jahren abgehalten wird.

Leonberg is famous for its horse market, which has been held here for more than 200 years now.

Leonberg est connu pour son marché aux chevaux qui se tient là depuis plus de 200 ans.

Leonberg es conocido por su mercado de caballos que se realiza desde hace más de 200 años.

Die Wandelhalle am Oberen See ist Teil des Böblinger Stadtgartens. Zwischen ihren Säulen lugt die Dionysiuskirche hervor.

The lobby hall on the lake Oberer See is part of Böblingen's town gardens. Peeping out from between its columns is the church Dionysiuskirche.

Le promenoir sur le «Oberer See» est une partie du parc municipal de Böblingen. A travers ses colonnes, l'église Saint-Denis.

La rambla cubierta al lado del «Oberer See» (Lago Superior) es parte del jardín municipal de Böblingen. Entre sus columnas se ve la Iglesia de Dionisios.

Sindelfingen ist einer der größten Produktions-standorte des Automobil-konzerns DaimlerChrysler.

Sindelfingen has one of the biggest production sites of the automobile concern DaimlerChrysler.

Sindelfingen est l'un des plus grands sites de production du consortium automobile DaimlerChrysler.

Sindelfingen es uno de los más grandes lugares de producción de la transnacional de automóviles DaimlerChrysler.

Die Stiftskirche von Herrenberg, auch »Glucke im Gäu« genannt, thront über den Altstadthäusern.

The church Stiftskirche in Herrenberg, also known as "Glucke im Gäu" (literally: clucking hen of the Gäu area), reigns over the houses of the old town.

L'église collégiale de Herrenberg, aussi appelée «Glucke im Gäu», domine la partie ancienne de la ville.

La Colegiata de Herrenberg, también llamada la «Gallina en el Gäu» reina sobre las casas de la ciudad antigua.

Morgendlicher Nebel hängt in den Niederungen des Ammertals bei Schwärzloch.

Mists at dawn, in the lowlands of the Ammer Valley near Schwärzloch.

Le brouillard matinal reste accroché dans les bas-fonds de la vallée de l'Ammer près de Schwärzloch.

Neblina matutina pende en los suelos del valle del río Ammer cerca de Schwärzloch.

Neckarfront, Altstadt mit Stiftskirche und Schloss: Die eindrucksvolle Schauseite der Universitätsstadt Tübingen.

Neckar riverfront, old town with its church Stiftskirche and its castle: an impressive display in the university town of Tübingen.

Le front du Neckar, la vieille ville avec la Stiftskirche et le château: l'aspect le plus spectaculaire de la ville universitaire de Tübingen.

El frente del Neckar, la ciudad antigua con la Colegiata y el Castillo: la otra impresionante cara de la ciudad universitaria de Tübingen.

Der Schriftsteller Günter Grass liest im vollbesetzten Festsaal der Neuen Aula der Universität Tübingen (oben); Demonstration auf dem Tübinger Holzmarkt.

The writer Günter Grass, reading in the fully packed banqueting hall of the "Neue Aula" at Tübingen University (above), Demonstration in the square Holzmarkt in Tübingen.

La salle des fêtes de l'université de Tübingen, dans la «Neue Aula», bondée lors d'une lecture de l'écrivain Günter Grass (en haut), Manifestation sur la place dite «Holzmarkt» de Tübingen.

El escritor Günter Grass lee en la llenísima Sala de Eventos de la Nueva Aula de la Universidad de Tübingen (arriba), Manifestación en el Holzmarkt (Mercado de Madera) en Tübingen.

Gebäude der naturwissenschaftlichen
Institute der Universität Tübingen.

Building of the scientific institutes
of Tübingen University.

Edifice des instituts des sciences de la
nature de l'université de Tübingen.

Edificio de los Institutos de Ciencias
Naturales de la Universidad de
Tübingen.

Moose und Farne haben die Steintreppe des Olgahains
im Naturpark Schönbuch längst überwachsen.

In Schönbuch Natural Park the stone steps of Olgahain,
long overgrown with moss and fern.

Des mousses et des bruyères ont depuis longtemps envahi
l'escalier de pierre du «Olgahain» dans le parc naturel de Schönbuch.

Musgo y helechos han crecido ya desde hace
mucho tiempo sobre la escalera de piedra del Bosquecillo de Olga
en el Parque Natural de Schönbuch.

Motorradweihe in der
Bischofsstadt
Rottenburg am Neckar.

Motorbikers' blessing
in the diocesan town of
Rottenburg on the Neckar.

Bénédiction de motards
dans la ville épiscopale de
Rottenburg am Neckar.

Bendición de las motos
en la ciudad obispal
de Rottenburg a orillas
del Neckar.

Winterlicher Kreuzgarten mit
Brunnenhaus im ehemaligen
Zisterzienser-Kloster Bebenhausen
bei Tübingen.

Wintry cloister garden with
well house in the former
Cistercian monastery Bebenhausen
near Tübingen.

L'hiver sur le jardin du cloître
avec son puits, dans l'ancienne
abbaye cistercienne de
Bebenhausen près de Tübingen.

Jardín del claustro con la casa
del pozo en Bebenhausen,
el antiguo Convento de los
Cistercienses cerca de Tübingen.

Die Altstadt von Horb spiegelt sich
im ruhigen Wasser des Neckars.

Horb's old town is reflected
in the calm waters of the Neckar.

La partie ancienne de la ville de Horb
se reflète dans les eaux tranquilles
du Neckar.

La antigua ciudad de Horb se refleja
en las aguas tranquilas del río Neckar.

Die Häuser, Kirchen und Türme der Fasnachts-Hochburg Rottweil erheben sich hoch über das Neckartal.

The houses, churches and towers of the Shrovetide carnival ("Fastnacht") stronghold Rottweil stand out high above the Neckar Valley.

Les maisons, l'église et les tours de Rottweil, la citadelle du carnaval alémanique, s'élèvent bien au-dessus de la vallée du Neckar.

Las casas, iglesias y torres del baluarte del carnaval Rottweil se levantan altas sobre el valle del Neckar.

Masken der Rottweiler Fasnacht: das Fransenkleidle (oben) und der Schantle.

Masks of the Rottweil "Fastnacht": the "Fransenkleidle" (above) and the "Schantle".

Des masques du carnaval de Rottweil: le «Fransenkleidle» (en haut) et le «Schantle».

Máscaras del carnaval de Rottweil: «Fransenkleidle» (arriba) y otra figura típica el «Schantle».

Im den feuchten Gründen des Schwenninger Mooses entspringt der württembergische Landesfluss Neckar.

From the moist ground of Schwenninger Moos arises the Neckar, main river of the region of Württemberg.

C'est dans les sols humides du Schwenninger Moor que le fleuve qu'on associe au Land, le Neckar, prend sa source.

En el suelo húmedo de la Ciénaga de Schwenningen nace el río del país de Württemberg, el Neckar.

Der Donauquelltopf im Schlosspark
von Donaueschingen.

The headpool of the Danube,
the Donauquelltopf, in the castle
grounds of Donaueschingen.

La source-fontaine du Danube
dans le parc du château de
Donaueschingen.

El ojo de agua del Danubio en el
parque del castillo de Donaueschingen.

Folgende Doppelseite: Die Vulkanberge des Hegaus, vom Witthoh bei Tuttlingen aus betrachtet.

Following double page: The volcanic mountains of the Hegau, seen from Witthoh near Tuttlingen.

Double page suivante: Les monts volcaniques du Hegau vus du Witthoh près de Tuttlingen.

Página doble siguiente: Los montes volcánicos de la región del Hegau observados desde el monte Witthoh cerca de Tuttlingen.

Spätgotische Fresken
und barocke Altäre
in der romanischen Galluskirche
in Mühlheim an der Donau.

Late Gothic frescos and
Baroque altars in the
Romanic church Galluskirche
in Mühlheim on the Danube.

Fresques du gothique tardif
et autels baroques dans l'église
romane Saint-Gall à Mühlheim
an der Donau.

Frescos del gótico tardío y altares
barrocos en la iglesia románica
de Gallus en Mühlheim a orillas
del Danubio.

Blick vom Eichfelsen ins
winterliche Obere Donautal
bei Schloss Werenwag.

View from Eichfelsen towards
the wintry Upper Danube Valley
near Castle Werenwag.

Vue hivernale depuis Eichfelsen
vers la vallée supérieure
du Danube près du château
de Werenwag.

Vista desde el Eichfelsen
(la Roca del Roble) en el
invernal Valle Superior del
Danubio cerca del castillo
Werenwag.

Das »Ochsenbeckenhaus« in Talheim ist eines der schönsten Renaissance-Fachwerkhäuser im Donaubergland.

The "Ochsenbeckenhaus" in Talheim is one of the most beautiful Renaissance half-timbered houses in the Danube highlands.

La maison dite «Ochsenbeckenhaus» à Talheim est l'une des plus belles maisons Renaissance à colombages dans le cours montagneux du Danube.

La «Ochsenbeckenhaus» en Talheim es una de las más bellas casas de fachadas entramadas del renacimiento en la región montañosa del Donau.

Der Dreifaltigkeitsberg mit der Claretiner-Wallfahrtskirche oberhalb von Spaichingen.

The mountain Dreifaltigkeitsberg with the Claretiner church of pilgrimage, above Spaichingen.

Le Dreifaltigkeitsberg avec l'église de pèlerinage des Clarisses au-dessus de Spaichingen.

El Dreifaltigkeitsberg (Monte de la Trinidad) con la iglesia de peregrinación de las Claretianas arriba de Spaichingen.

Das Zollernschloss in Balingen spiegelt sich in der Eyach.

The castle Zollernschloss in Balingen, reflected in the Eyach.

Le château des Zollern à Balingen se reflète dans l'Eyach.

El Castillo de los Zollern en Balingen se refleja en el río Eyach.

Albstadt im so genannten »Talgang« – Blick von Ebingen über die Stadtteile Truchtelfingen, Tailfingen und Onstmettingen zur Burg Hohenzollern.

Albstadt in the so-called "Talgang" (valley corridor)—viewed from Ebingen via Truchtelfingen, Tailfingen and Onstmettingen towards the castle Burg Hohenzollern.

Albstadt dans ce qu'on appelle le «Talgang». Vue depuis Ebingen par-dessus Truchtelfingen, Tailfingen et Onstmettingen sur le château fort de Hohenzollern.

Albstadt en el así llamado «Talgang» (Paso del Valle). Vista desde Ebingen sobre Truchtelfingen, Tailfingen y Onstmettingen hacia el Castillo de Hohenzollern.

Aus der Luft erkennt man die Türme, Zinnen und Mauern der Burg Hohenzollern bis ins Detail.

From the air you can make out details of the towers, battlements and walls of Burg Hohenzollern.

Vue d'avion on distingue jusque dans le détail les tours, les créneaux et les murailles du château de Hohenzollern.

Desde el aire se reconocen las torres, las almenas y las murallas del Castillo de Hohenzollern hasta en detalle.

Abendstimmung am Zoller.

Evening mood on the mountain Zoller.

Ambiance du soir sur le mont Zoller.

Atmósfera crepuscular en el monte Zollern.

Hell scheint der Mond über
den schneebedeckten Lochenstein
bei Balingen.

The moon shines brightly
over snow-clad Lochenstein
near Balingen.

Près de Balingen, la lune brille claire
au-dessus du Lochenstein enneigé.

Clara brilla la luna sobre la roca
cubierta de nieve Lochenstein
cerca de Balingen.

Vom Roßberg bis zum Schwarzwald –
Winter am Albtrauf.

From Roßberg to the Black Forest—
winter along the ridge "Albtrauf"
(Trauf = cuesta scarp).

Du Roßberg jusqu'à la Forêt Noire –
hiver sur l'abrupt du Jura souabe.

Desde el Roßberg (el Monte del Caballo)
hasta la Selva Negra. Invierno en el margen
abrupto de la Alb.

Winterliche Dachlandschaft in Reutlingen.

Wintry "roofscape" in Reutlingen.

Paysage de toits hivernaux à Reutlingen.

Paisaje invernal de los techos en Reutlingen.

Moderne Fußgängerbrücken queren die Hauptstraßen Reutlingens. Oben: Das gotische Gewölbe der Reutlinger Marienkirche.

Modern footbridges cross over the main roads of Reutlingen. Above: Gothic vault of the Marienkirche in Reutlingen.

Des passerelles piétonnes modernes franchissent les artères principales de Reutlingen. En haut: Les voûtes gothiques de l'église de la Vierge de Reutlingen.

Modernos puentes peatonales atraviesan las carreteras principales de Reutlingen. Arriba: La cúpula gótica de la iglesia Marienkirche (Iglesia de María) de Reutlingen.

Ahorn bei den Höllenlöchern in Bad Urach.

Maple-tree near the Höllenlöchern (literally: hell's holes) in Bad Urach.

Un érable près des «Höllenlöcher» à Bad Urach.

Arce en las cuevas de los Höllenlöchern (Huecos de los Infiernos) en Bad Urach.

Nächtlicher Blick auf Schloss Lichtenstein bei Pfullingen.

View by night of Castle Lichtenstein near Pfullingen.

Vue nocturne du château de Lichtenstein près de Pfullingen.

Vista nocturna al Castillo Lichtenstein cerca de Pfullingen.

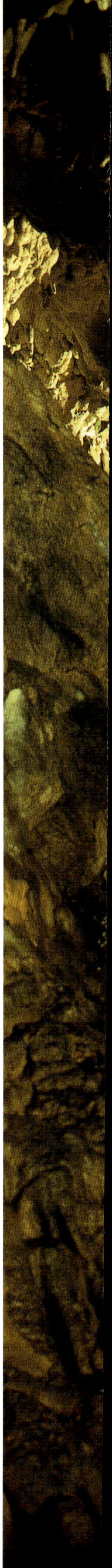

Die Bärenhöhle bei Sonnenbühl-Erpfingen zählt zu den bekanntesten Naturdenkmälern der Schwäbischen Alb.

The cave Bärenhöhle near Sonnenbühl-Erpfingen is one of the most well known natural monuments of the Swabian Alb.

La grotte «Bärenhöhle» près de Sonnenbühl-Erpfingen compte parmi les monuments naturels les plus connus du Jura souabe.

La «Bärenhöhle» (Cueva de los Osos) cerca de Sonnenbühl-Erpfingen se cuenta entre los monumentos naturales más conocidos de la Schwäbische Alb.

Die idyllisch gelegene Dorfkirche von Bichishausen im Großen Lautertal dient Künstlern als Modell.

The idyllically situated village church of Bichishausen in the valley Großes Lautertal serves as a model for artists.

L'église paroissiale de Bichishausen située de façon idyllique dans la vallée de la Große Lauter est un motif prisé par les peintres.

La idílica ubicación de la iglesia pueblerina de Bichishausen en el valle del río Große Lauter (Gran Lauter) sirve de modelo a los pintores.

Das Deckenfresko von Franz Josef Spiegler in der ehemaligen Klosterkirche »Unsere Liebe Frau« in Zwiefalten.

Fresco by Franz Josef Spiegler on the roof of the former monastery church "Unsere Liebe Frau" in Zwiefalten.

Les fresques des plafonds peintes par Franz Joseph Spiegler dans l'ancienne église abbatiale «Unsere Liebe Frau» de Zwiefalten.

El fresco del techo de Franz Josef Spiegler en la antigua iglesia conventual «Unsere Liebe Frau» (Nuestra Amada Señora) en Zwiefalten.

Sommerliches Treiben in der Fachwerkstadt Kirchheim unter Teck.

Summer activity in the town of Kirchheim unter Teck, with its many half-timbered buildings.

Activité estivale dans la ville à colombages de Kirchheim unter Teck.

Veraniego agitar en la ciudad de las casas de fachadas entramadas Kirchheim unter Teck (Kirchheim bajo el monte Teck).

Aufrecht ragt der Turm der Nürtinger Laurentiuskirche aus dem Winternebel am Neckarwehr.

The church-tower of the Laurentiuskirche in Nürtingen juts straight out of the winter mists at the Neckar weir.

La tour de la Laurentiuskirche de Nürtingen émerge à la verticale du brouillard hivernal sur la retenue du Neckar.

Muy recta sobresale de la niebla invernal la torre de la Laurentius-kirche (Iglesia San Lorenzo) de Nürtingen al lado del dique del Neckar.

Geschöpf der Natur und Schöpfung des Menschen: Urzeitlicher Ammonit, wie man ihn auf der Schwäbischen Alb findet (links), und »Rebentreppe« im Göppinger Schloss.

Creature of nature and man-made creation: prehistoric ammonite, as is to be found on the Swabian Alb (left), and spiral staircase, or "Rebentreppe", with the depiction of vines on its ceiling, in the castle in Göppingen.

Créatures de la nature et création de l'homme: ammonite préhistorique telle qu'on les trouve sur le Jura souabe (à gauche) et l'escalier dit «Rebentreppe» dans le château de Göppingen.

Criatura de la naturaleza y creación del hombre: Amonita pre-histórica como se le encuentra en la Schwäbische Alb (a la izquierda) y escaleras de vid en el Castillo de Göppingen.

Die Weingärten unterhalb der Festungsruine Hohenneuffen erstrahlen in herbstlichen Farben. Hier wächst der »Täleswein«.

The vineyards below the stronghold ruins of Hohenneuffen are a blaze of autumnal colours.

Sous les ruines de la fortifications de Hohenneuffen, les vignes resplendissent dans leurs couleurs d'automne.

Los viñedos en las pendientes debajo de las ruinas de la fortaleza Hohenneuffen brillan con colores otoñales.

Bei der Fossiliensuche im Schiefer-Steinbruch bei Holzmaden hilft die ganze Familie.

The whole family participates in the search for fossils in the slate quarry near Holzmaden.

Recherche de fossiles en famille dans les carrières d'ardoise près de Holzmaden.

Toda la familia ayuda en la búsqueda de fósiles en la cantera de pizarra cerca de Holzmaden.

Windräder auf der Schwäbischen Alb bei Türkheim im Abendlicht.

Wind turbines on the Swabian Alb near Türkheim, in the evening light.

Les éoliennes sur le Jura souabe près de Türckheim dans la lumière du soir.

Molinos aeólicos en la Schwäbische Alb cerca de Türkheim a la luz del crepúsculo.

Endlos erstrecken sich die
Getreidefelder auf der
Albhochfläche bei Nellingen.

The cornfields near Nellingen
stretch out endlessly
on the flat upland areas of the Alb.

Les champs de céréales s'étendent
sans fin sur les hauts plateaux
du Jura souabe près de Nellingen.

Los campos de cereales se
extienden interminables sobre
la meseta de la Alb cerca de
Nellingen.

Fabrikation von Modelleisenbahnen
bei Märklin in Göppingen.

The manufacture of model railways
at Märklin in Göppingen.

Fabrication de modèles réduits de
trains chez Märklin à Göppingen.

Fabricación de los trenes de juguete
en la fábrica Märklin en Göppingen.

Ein ICE auf der kurvenreichen
Geislinger Steige.

An intercity express train
along the Geislinger Steige,
a route full of curves and bends.

Un ICE, l'équivalent du TGV,
dans la montée de Geislingen
aux nombreux virages.

Un ICE (el Tren Rápido de la
Ferroviaria Alemana S.A.)
en la Geislinger Steige
(Subida de Geislingen)
con sus muchas curvas.

Trutzig erhebt sich
die Burgruine
Hohenrechberg
auf einem der
drei Kaiserberge.

The ruins of Burg
Hohenrechberg
stand out defiantly
upon one of the three
mountains known as
the Kaiserberge.

La ruine du château
fort de Hohenrechberg
s'élève offensivement
sur l'un des
trois monts appelés
«Kaiserberge».

Orgullosa se eleva
la ruina del Castillo
fortificado de
Hohenrechberg sobre
uno de los Montes
del Emperador.

Blick von Ottenbach auf den Hohenstaufen.

View from Ottenbach towards the mountain Hohenstaufen.

Vue depuis Ottenbach sur le mont Hohenstaufen.

Vista desde Ottenbach hacia el monte Hohenstaufen.

Portal an der Johanniskirche in Schwäbisch Gmünd mit romanischen Figuren und Verzierungen.

Portal of the church Johanniskirche in Schwäbisch Gmünd with Romanic figures and ornamentation.

Portail de la Johanniskirche à Schwäbisch Gmünd, orné de statues et des décorations romanes.

Portal en la Johanniskirche (Iglesia de San Juan) en Schwäbisch Gmünd con figuras y ornamentos románicos.

Kirchenschiff der ehemaligen Abteikirche im Kloster Lorch.

Nave of the former abbey church in Lorch Monastery.

La nef de l'ancienne église abbatiale du couvent de Lorch.

La nave de la iglesia de la antigua abadía en el Convento de Lorch.

Ellwangen an der Jagst mit dem Schloss und der Wallfahrtskirche Schönenberg.

Ellwangen on the Jagst with castle and church of pilgrimage Schönenberg.

Ellwangen an der Jagst avec le château et l'église de pèlerinage de Schönenberg.

Ellwangen a orillas del río Jagst con el castillo y la iglesia de peregrinaje Schönenberg.

Blick vom Schloss Hellenstein auf die Innenstadt von Heidenheim an der Brenz.

View from Castle Hellenstein over the town centre of Heidenheim on the Brenz.

Vue depuis le château de Hellenstein sur le centre-ville de Heidenheim an der Brenz.

Vista desde el Castillo Hellenstein hacia el centro de la ciudad Heidenheim a orillas del río Brenz.

Das Limes-Museum in Aalen widmet sich der römischen Geschichte Südwestdeutschlands.

The Limes Museum in Aalen is dedicated to the Roman history of Southwest Germany.

Le musée du limes à Aalen est consacré à l'histoire romaine du sud-ouest de l'Allemagne.

El Museo de Limes en Aalen está dedicado a la historia romana del sudoeste de Alemania.

Das Benediktinerkloster Neresheim wird als »Königin des Härtsfelds« bezeichnet.

The Benedictine monastery of Neresheim is known as the "Queen of Härtsfeld".

L'abbaye bénédictine de Neresheim est appelée la «reine du Härtsfeld».

El Convento de los Benedictinos Neresheim es llamado «Reina del Härtsfeld (Campo Seco)».

Der »blaue« Brenztopf
bei Königsbronn.

The "blue" headpool of the Brenz
near Königsbronn.

La source résurgente «bleue»
de la Brenz près de Königsbronn.

El ojo de agua «azul» del río Brenz
cerca de Königsbronn.

Die in der Vogelherdhöhle bei Stetten ob Lontal gefundenen Tierfiguren sind rund 30 000 Jahre alt. Darunter ein aus Elfenbein geschnitztes Mammut.

Animal figures, found in the Vogelherd caves near Stetten ob Lontal, are around 30,000 years old. One of these is an ivory carving of a mammoth.

Les figurines animales trouvées dans la grotte de Vogelherd près de Stetten ob Lontal datent d'environ 30 000 ans. Parmi elles un mammouth taillé dans l'ivoire.

Las figuras de animales encontradas en la Vogelherd-höhle (Cueva del Horno de Aves) cerca de Stetten ob Lontal tienen alrededor de 30.000 años. Entre ellas hay un mamut de marfil tallado.

Rot blüht der Mohn
in Urspring
bei Schelklingen.

Red are the poppies
in Urspring
near Schelklingen.

Le rouge des pavots
en fleurs à Urspring
près de Schelklingen.

Roja florece la
amapola en Urspring
cerca de Schelklingen.

Die bizarren Kalkfels-
formationen im Eselsburger
Tal bei Herbrechtingen
werden als »Steinerne
Jungfrauen« bezeichnet.

These bizarre chalk
rock formations in
Eselsburg Valley near
Herbrechtingen are known
as "Steinerne Jungfrauen",
or "Stony Virgins".

Les bizarres formations
rocheuses calcaires dans
l'Eselsburger Tal près
de Herbrechtingen sont
appelées les « Vierges de
pierre ».

Las bizarras formaciones
de rocas calcáreas en
el valle de Eselsburg
cerca de Herbrechtingen
son llamadas
«Vírgenes Petrificadas».

Die »Küssende Sau«
an der Weilerhalde bei Blaubeuren.

The "kissing sow"
at the Weilerhalde near Blaubeuren.

La «truie qui donne un baiser»
sur le «Weilerhalde» près de Blaubeuren.

La «cerda que besa»
en la Weilerhalde cerca de Blaubeuren.

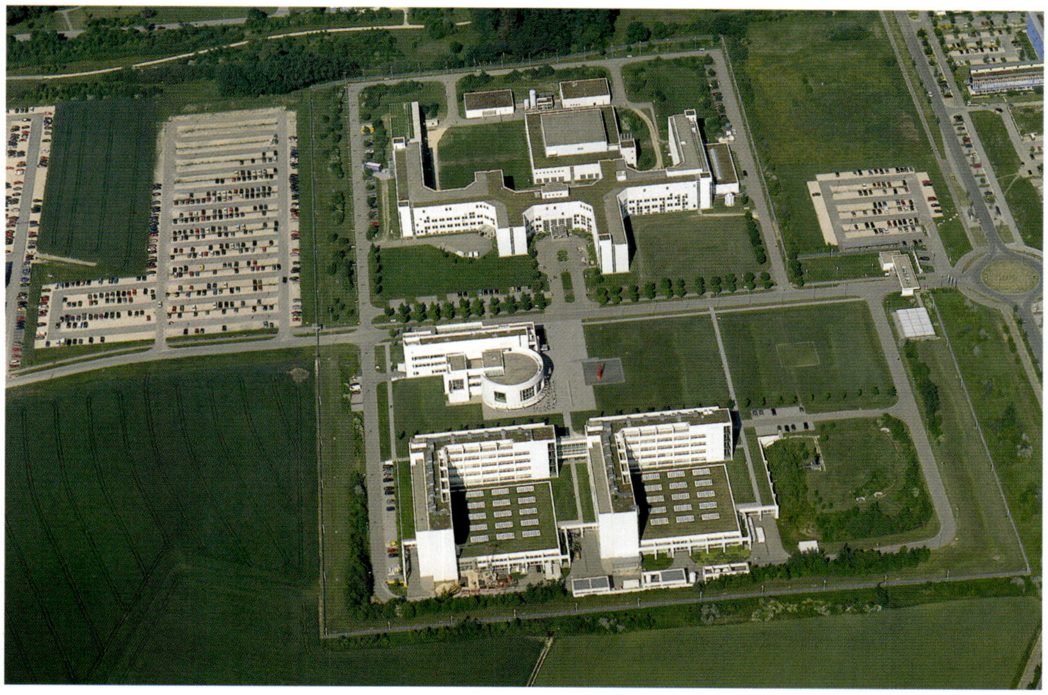

Der »Science Park II« auf dem Ulmer Eselsberg.

"Science Park II" on Ulm's Eselsberg.

Le parc «Science Park II» sur le Eselsberg à Ulm.

El «Science Park II» (Parque Científico II) sobre el Eselsberg (Monte del Burro) en Ulm.

Im ehemaligen Benediktinerkloster Wiblingen bei Ulm befindet sich ein schöner barocker Bibliothekssaal.

In the former Benedictine monastery of Wiblingen near Ulm there is a fine Baroque library room.

Dans l'ancienne abbaye bénédictine de Wiblingen près d'Ulm on peut voir une très belle bibliothèque baroque.

En el antiguo Convento de los Benedictinos en Wiblingen cerca de Ulm se encuentra una bella y barroca sala de biblioteca.

Alte Baukunst und moderne Architektur begegnen sich in Ulms Innenstadt – Münster und Stadthaus.

Old and modern architecture meet in Ulm's town centre—Ulm Minster and Town Hall.

Art de bâtir d'autrefois et architecture moderne se confrontent dans le centre d'Ulm: la cathédrale et le «Stadthaus».

Antiguo arte de construcción y moderna arquitectura se encuentran en el centro de la ciudad de Ulm: Colegiata y Casa de la Ciudad.

Oben: Blick auf die Altstadt von Biberach an der Riß. Darunter: Eine einzigartige Vielfalt an Pflanzen und Tieren gibt es im Naturschutzgebiet Federsee bei Bad Buchau.

Above: View of the old centre of Biberach on the Riss. Below: A unique plants and animals in great diversity are to be found in the Federsee Natural Reserve near Bad Buchau.

En haut: Vue sur la partie ancienne de Biberach an der Riß. En bas: Il y a dans la réserve naturelle du Federsee près de Bad Buchau une exceptionnelle variété de plantes et d'animaux.

Arriba: Vista hacia la ciudad antigua de Biberach a orillas del Riß. Abajo: En la Zona de Protección Natural Federsee (Lago de la Pluma) cerca de Bad Buchau hay una variedad única de plantas y animales.

»Die schönste Dorfkirche der Welt« – die Wallfahrtskirche Sankt Peter und Paul in Steinhausen.

"The most beautiful village church in the world"— St Peter and Paul, church of pilgrimage in Steinhausen.

«La plus belle église de village du monde», l'église de pèlerinage Sankt Peter und Paul à Steinhausen.

«La más bella iglesia de un pueblo en el mundo»: la Iglesia de peregrinaje San Pedro y San Pablo en Steinhausen.

Hoch über
der Donau
thront Schloss
Sigmaringen.

High above
the Danube reigns
Sigmaringen
Castle.

Le château
de Sigmaringen
trône au-dessus
du Danube.

El Castillo
de Sigmaringen
reina alto
sobre el Danubio.

SCHEFFOLD

Krauchenwieser Wirtshausschild mit dem habsburgischen Doppeladler und dem schwarzweißen Wappen Hohenzollerns.

Krauchenwies pub sign with the Habsburg two-headed eagle and the black and white coat of arms of the Hohenzollern.

Enseigne d'auberge à Krauchenwies avec l'aigle à deux têtes des Habsbourg et le blason noir et blanc des Hohenzollern.

El letrero del mesón en Krauchenwies con su águila bicéfala de los Habsburgo y el escudo blanco y negro de los Hohenzollern.

In der Glasfassade der Kreissparkasse spiegeln sich die Fachwerkhäuser Meßkirchs.

In the glass façade of the district savings bank the half-timbered houses of Meßkirch are reflected.

Dans les façades de verre de la Kreissparkasse se reflètent les maisons à colombage de Meßkirch.

En la fachada de vidrio de la caja de ahorros distrital se reflejan las casas de fachadas entramadas de Meßkirch.

Der mittelalterliche Stadtkern von Bad Waldsee mit Rathaus und Spital.

The mediaeval town centre of Bad Waldsee, with town hall and infirmary.

Le noyau médiéval de Bad Waldsee avec l'hôtel de ville et l'hôpital.

El casco medieval de Bad Waldsee con el ayuntamiento y el hospital antiguo.

Immer am Tag nach Christi Himmelfahrt findet in Weingarten der »Blutritt« statt, eine Reiterprozession zu Ehren der Heilig-Blut-Reliquie. Unten: Die Kuppel des »Schwäbischen Sankt Peter«, der größten Barockbasilika Deutschlands in Weingarten.

Always taking place the day after Ascension Day, the "Blutritt", a procession on horse-back, is held in honour of the Relic of the Holy Blood. Below: In Weingarten, the dome of the "Swabian St Peter", the biggest Baroque basilica in Germany.

Le «Blutritt», une procession équestre en l'honneur des reliques du Précieux Sang, a toujours lieu à Weingarten le jour qui suit l'Ascension. En bas: La coupole du «l'église Saint-Pierre de la Souabe», la plus grande basilique baroque d'Allemagne à Weingarten.

Siempre al día siguiente de la Ascensión de Cristo se realiza en Weingarten la «Cabalgata de Sangre», una procesión de caballeros en honor a la Reliquia de la Santa Sangre. Abajo: La cúpula de la San Pedro suabia , la basílica barroca más grande de Alemania en Weingarten.

Beim Ravensburger »Rutenfest«.

The traditional Ravensburg festival "Rutenfest".

La fête dite «Rutenfest» à Ravensburg.

La «Rutenfest» (Fiesta del Látigo) en Ravensburg.

Viele Türme prägen die Altstadt von Ravensburg.

Its many towers are a distinguishing feature of the old town centre of Ravensburg.

Les nombreuses tours donnent sa connotation à la vieille ville de Ravensburg.

La ciudad antigua de Ravensburg se caracteriza por sus muchas torres.

Isny (oben) und Wangen:
malerische Städtchen im
württembergischen Allgäu.

Isny (above) and Wangen are
picturesque little towns
in the Allgäu of Württemberg.

Isny (en haut) et Wangen
sont des petites villes
pittoresques de l'Allgäu
wurtembergeois.

Isny (arriba) y Wangen son
ciudades pintorescas en el
Allgäu de Württemberg.

Allgäulandschaft
zwischen Wangen
und Isny mit Blick
auf die Bergkette
der Alpen.

Allgäu landscape
between Wangen and
Isny with a view of
the mountain chain
of the Alps.

Paysage de l'Allgäu
entre Wagen et Isny
avec vue sur la chaîne
des Alpes.

Paisaje del Allgäu
entre Wangen e Isny
con vista hacia
la sierra de los Alpes.

Der gesamte Bodensee.
Im Vordergrund die Rheinmündung,
Bregenz und Lindau.

Lake Constance, in its entirety.
Here the Rhine flows into the lake;
here you can also see the town
of Bregenz and Lindau.

Le lac de Constance dans sa totalité.
Au premier plan l'embouchure
du Rhin, Bregenz et Lindau.

El Lago de Constanza en su totalidad.
En primer plano la desembocadura
del Rhein, las ciudades Bregenz y
Lindau.

Sonnenuntergang am Bodensee
bei Friedrichshafen.

Sunset on Lake Constance
near Friedrichshafen.

Coucher de soleil sur le lac de Constance
près de Friedrichshafen.

Ocaso en el Lago de Constanza
cerca de Friedrichshafen.

Barocke Perle am Überlinger
See: die Klosterkirche Birnau.

On the part of Lake Constance
called Überlinger See,
a Baroque pearl:
the monastic church of Birnau.

Une perle baroque
sur le Überlinger See:
L'église du couvent de Birnau.

Perla barroca en el
Lago de Überlingen: la iglesia
del Convento de Birnau
(Tierra de las Peras).

Meersburg aus der Vogelperspektive
mit dem Alten und Neuen Schloss,
dem Staatsweingut und den Hafenanlagen.

A bird's eye view of Meersburg
with its castles Altes und Neues Schloss,
state vineyards and docks.

Meersburg en perspective aérienne
avec le Altes et le Neues Schloss,
le domaine viticole national et les
installations du port.

Meersburg a vista de pájaro,
con el Antiguo y Nuevo Castillo,
la hacienda vitícola estatal
y las instalaciones portuarias.

Beliebtes Ausflugsziel bei Unteruhldingen: die Pfahlbauten, ein Freilichtmuseum mit rekonstruierten Dörfern aus der Stein- und Bronzezeit. Unten: Im Freigehege »Affenberg Salem« leben über 200 Berberaffen.

A popular place for a day-trip, near Unteruhldingen: the lake dwellings—an open-air museum with reconstructed villages dating from the Stone and Bronze Ages. Below: The natural animal reserve "Affenberg Salem" is the home of over 200 Barbary apes.

Un but de promenade apprécié près de Unteruhldingen: les constructions sur pilotis, un musée à ciel ouvert avec des reconstructions de villages de l'âge de la pierre et de l'âge du bronze. En bas: Dans le «Affenberg» (montagne des singes) de Salem vivent en liberté plus de 200 singes originaires d'Afrique du nord.

Objetivo favorito de excursiones: un museo al aire libre con construcciones sobre pilotes, pueblos reconstruidos de la edad de piedra y de bronce, cerca de Unteruhldingen. Abajo: En el corral «Affenberg Salem» viven más de 200 monos bereberes.

Segelboote und Passagierschiffe im Hafen von Uhldingen.

Sailing boats and passenger ferries in the harbour of Uhldingen.

Voiliers et bateaux de promenade dans le port de Uhldingen.

Botes a vela y barcos de pasajeros en el Puerto de Uhldingen.

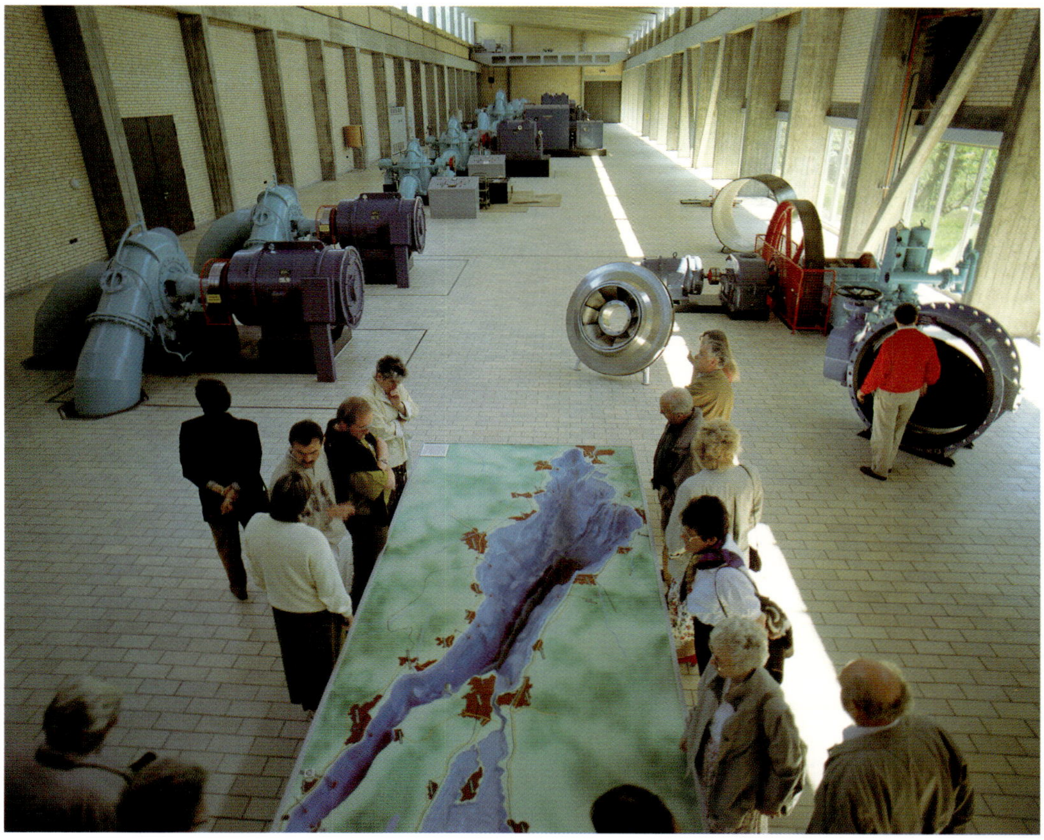

Die Pumpstation der »Bodensee-Wasserversorgung« auf dem Sipplinger Berg. Das Modell zeigt, wie tief der See ist.

The water-station for "Lake Constance water supply", on Sipplinger Berg. The model shows how deep the lake is.

La station de pompage qui approvisionne la «Bodensee-Wasserversorgung» sur le Sipplinger Berg. La maquette montre la profondeur du lac.

La estación de bombeo de la hidroplanta del Lago de Constanza sobre el monte de Sipplingen. El modelo muestra cuán profundo es el lago.

Der Hödinger Tobel bei Überlingen.

The gorge Hödinger Tobel near Überlingen.

Les gorges «Hödinger Tobel» près de Überlingen.

El pequeño barranco de Hödingen cerca de Überlingen.

Der zu Beginn des 17. Jahrhunderts geschaffene Hochaltar von Jörg Zürn zählt zu den Kostbarkeiten im Überlinger Münster.

The high altar built by Jörg Zürn at the beginning of the 17th Century is one of the precious objects to be found in Überlingen Minster.

Le maître-autel réalisé au début du 17e siècle par Jörg Zürn fait partie des richesses de la cathédrale d'Überlingen.

El gran altar creado por Jörg Zürn a principios del siglo XVII se cuenta entre las preciosidades en la Colegiata de Überlingen.

Die Skulptur »Imperia« an der Konstanzer Hafeneinfahrt.

The sculpture of "Imperia" at the entrance to the harbour of Constance.

La statue « Imperia » à l'entrée du port de Constance.

La escultura «Imperia» a la entrada del puerto de Konstanz.

Uferpromenade und Zeppelin-Denkmal am Hafen von Konstanz.

Lakeside promenade and Zeppelin monument in Constance harbour.

Berge aménagée pour la promenade et monument à Zeppelin dans le port de Constance.

Malecón y el Monumento a Zeppelin en el puerto de Konstanz.

Salatreihen vor Sankt Peter und Paul in Niederzell auf der Insel Reichenau.

Rows of lettuce in front of St Peter and Paul in Niederzell on the island of Reichenau.

Des rangées de salades devant l'église Sankt Peter und Paul à Niederzell sur l'île de Reichenau.

Hileras de lechugas delante de la Iglesia de San Pedro y San Pablo en Niederzell sobre la isla Reichenau.

Insel Mainau – Blumenparadies im Bodensee.

The island of Mainau—flower paradise on Lake Constance.

L'île de Mainau, un paradis floral sur le lac de Constance.

Isla de Mainau: paraíso de flores en el Lago de Constanza.

Der Hotzenwald bei Weilheim-Bannholz – südliche Ausläufer des Schwarzwalds.

Hotzenwald near Weilheim-Bannholz—southern spurs of the Black Forest.

Le Hotzenwald près de Weilheim-Bannholz, les premiers contreforts sud de la Forêt-Noire.

La región Hotzenwald cerca de Weilheim-Bannholz: la pendiente sureña de la Selva Negra.

Die Vulkanlandschaft des Hegaus bei Singen am Hohentwiel.

Volcano landscape of the Hegau near Singen at Hohentwiel.

Le paysage volcanique du Hegau au Hohentwiel près de Singen.

El paisaje volcánico del Hegau cerca de Singen am Hohentwiel.

Die Holzbrücke über den Rhein und das Fridolinsmünster prägen das Stadtbild von Bad Säckingen.

The wooden bridge over the Rhine and Fridolins Minster are distinguishing features of the town of Bad Säckingen.

Le pont en bois enjambant le Rhin et la cathédrale Saint-Fridolin sont les bâtiments caractéristiques de Bad Säckingen.

El Puente de Madera sobre el Rhein y la Colegiata de Fridolin caracterizan la imagen de la ciudad de Bad Säckingen.

Die Kaiserstraße von Waldshut.

Kaiserstraße in Waldshut.

La Kaiserstraße de Waldshut.

La Kaiserstraße
(Calle del Emperador) de Waldshut.

Die Rheinbrücke verbindet
Laufenburg (Baden) mit
Laufenburg in der Schweiz.

The bridge over the
Rhine connects
Laufenburg (Baden) with
Laufenburg in Switzerland.

Un pont sur le Rhin relie
Laufenburg en Bade et
Laufenburg en Suisse.

El puente del Rhein une
Laufenburg (Baden) con
Laufenburg (Suiza).

Die größte Burganlage Badens:
Rötteln oberhalb von Lörrach.

The largest stronghold in Baden:
Rötteln above Lörrach.

Le plus grand château fort de Bade:
Rötteln au-dessus de Lörrach.

El castillo fortificado más grande de Baden:
Rötteln arriba de Lörrach.

Im »Stapflehus« in
Weil am Rhein ist
die Städtische Galerie
untergebracht.

In "Stapflehus" in
Weil on the Rhine
you will find
the town gallery.

La maison dite
«Stapflehus» à
Weil am Rhein abrite
la Galerie municipale.

En la «Stapflehus»
en Weil am Rhein
han instalado la galería
de la ciudad.

Das extravagante Gebäude des
»Vitra-Design-Museums« in Weil
am Rhein wurde vom kalifornischen
Architekten Frank Gehry entworfen.

The extravagant building of the
"Vitra Design Museum" in
Weil on the Rhine was designed by the
Californian architect Frank Gehry.

L'extraordinaire bâtiment du
«Vitra-Design-Museum» à Weil
am Rhein fut conçu par
l'architecte californien Frank Gehry.

El extravagante edificio del
«Vitra-Design-Museum» en Weil
am Rhein fue diseñado por el
arquitecto californiano Frank Gehry.

Die Häuser und Gassen Burkheims am Kaiserstuhl
vermitteln oberrheinische Lebensart.

Houses and lanes of Burkheim in Kaiserstuhl
give you a sense of the Upper Rhine lifestyle.

Les maisons et les ruelles de Burkheim sur le Kaiserstuhl
contribuent au savoir-vivre du Rhin supérieur.

Las casas y callejuelas de Burkheim al lado del
Kaiserstuhl (Silla del Emperador) nos muestran
la forma de vida de la región del Rhein Superior.

Zirkuszelt zwischen Alt-Rhein und Rheinkanal
bei der Staustufe Breisach.

Circus tent between original Rhine River and
the Rhine canal near the sluiceway at Breisach.

Chapiteau de cirque entre le Vieux-Rhin et
le Canal du Rhin près de l'écluse de Breisach.

Tienda de circo entre el Rhein Antiguo y
el Canal del Rhein cerca del embalse de
Breisach.

In der Michaelskirche in Niederrotweil befindet sich ein bemerkenswerter Schnitzaltar, der dem Meister »HL« (Hans Loi) zugeschrieben wird.

In the church Michaelskirche in Niederrotweil stands a remarkable carved altar, attributed to the master "HL" (Hans Loi).

Dans l'église Saint-Michel de Niederrotweil se trouve un remarquable autel sculpté, qu'on attribue au maître «HL» (Hans Loi).

En la Michaelskirche (Iglesia de San Miguel) en Niederrotweil se encuentra un notable altar tallado que se dice que fue hecho por el maestro «HL» (Hans Loi).

Toskanisch mutet die Landschaft bei der Ehrentrudiskapelle am Tuniberg an.

The landscape near the Ehrentrudis chapel on Tuniberg is suggestive of Tuscany.

Le paysage près de la «Ehrentrudiskapelle» sur le Tuniberg a un petit air de Toscane.

El paisaje cerca de la Ehrentrudiskapelle (capilla de Ehrentrudis) junto al monte Tuniberg nos recuerda a la Toscana.

Samstagsmarkt auf dem Freiburger Münsterplatz am Kornhaus.

Saturday market in Freiburg Minster church square, at the corn exchange.

Le marché du samedi à Fribourg sur la place de la cathédrale devant le Kornhaus.

Sábado de mercado en la plaza de la Catedral de Freiburg cerca de la Kornhaus (Casa del Grano).

Freiburg im Breisgau – das Münster überragt die gesamte Altstadt.

Freiburg in Breisgau— the minster here towers over the entire old centre.

Fribourg-en-Brisgau – la cathédrale domine toute la vieille ville.

Freiburg im Breisgau: la catedral sobresale totalmente de la ciudad antigua.

Sankt Trudpert
im Münstertal.

Saint Trudpert
in Münster Valley.

Sankt Trudpert
dans le Münstertal.

Sankt Trudpert
en la región
de Münstertal.

Der Höllsteig im
Höllental.

Höllsteig in
the valley Höllental.

Le «Höllsteig» dans
le Höllental.

El Höllsteig
(la Subida del Infierno)
en el Höllental
(Valle de los Infiernos).

Schwarzwaldhaus im Großen Tal bei Kappel südöstlich von Freiburg.

Black Forest house in the big valley Großes Tal near Kappel, south east of Freiburg.

Maison typique de la Forêt-Noire dans le «Grosses Tal» près de Kappel au sud-est de Fribourg.

Casa de la Selva Negra en el Gran Valle cerca de Kappel al sudeste de Freiburg.

Blick in die monumentale
Kuppel des Doms von Sankt
Blasien im Schwarzwald.

View of the monumental
dome of St Blasien Cathedral
in the Black Forest.

Vue sur la monumentale
coupole de la cathédrale
de Saint-Blaise dans la
Forêt-Noire.

Vista de la cúpula de la
Catedral de Sankt Blasien
en la Selva Negra.

Gewitterstimmung
über dem Feldberg.

Storm brewing
above Feldberg.

Ambiance d'orage
au-dessus du
Feldberg.

Atmósfera
de tormenta sobre
el monte Feldberg.

Blick von der Schwarzwaldhochstraße bei Breitnau-Turner auf die Berghöhen am Kandel.

View from the mountain route Black Forest Hochstraße near Breitnau-Turner upon the highlands at Kandel.

Vue depuis la route des crêtes de la Forêt-Noire près de Breitnau-Turner sur les hauteurs du Kandel.

Vista de la Ruta Alta de la Selva Negra cerca de Breitnau-Turner hacia las colinas del Kandel.

Im Winter wird der Titisee zu einer riesigen Schlittschuhbahn.

In winter the lake Titisee turns into a gigantic ice-skating rink.

En hiver le Titisee se transforme en une gigantesque patinoire.

El lago Titisee se vuelve una enorme pista de patinaje en el invierno.

Einkaufsstraßen und das Obere Tor in der Altstadt von Villingen.

Streets in the shopping precinct and the gate Oberes Tor in the old part of the town of Villingen.

Des rues commerçantes et la «Oberes Tor» dans le centre ancien de Villingen.

Calles comerciales y el Portón Superior en la ciudad antigua de Villingen.

Schwarzwaldtal bei Furtwangen.

Black Forest Valley near Furtwangen.

Une vallée de la Forêt-Noire près de Furtwangen.

Valle de la Selva Negra cerca de Furtwangen.

Schwarzwälder Uhrenträger bei den Triberger Wasserfällen.

Black Forest clock-carrier near Triberg Waterfalls.

Les porteurs de montres de la Forêt-Noire près des cascades de Triberg.

Cargador de relojes de la Selva Negra cerca de las Cascadas de Triberg.

Die Triberger Wasserfälle.

Triberg Waterfalls.

Les cascades de Triberg.

Las Cascadas de Triberg.

Hochmoorlandschaft im Abendnebel – Bauernhof bei Schönwald-Weißenbach.

Highland moor landscape draped in the mists of evening—farm near Schönwald-Weißenbach.

Paysage de fagne d'altitude dans le brouillard du soir – une ferme près de Schönwald-Weißenbach.

Paisaje de ciénaga alta en la niebla del crepúsculo: cortijo cerca de Schönwald-Weißenbach.

Der Europa-Park in Rust, Deutschlands größter Freizeitpark, lockt jährlich Millionen von Besuchern an.

Europa Park in Rust, Germany's biggest recreational theme park, attracts millions of visitors each year.

»Europa-park« à Rust, le plus grand parc de loisirs d'Allemagne, qui attire annuellement des millions de visiteurs.

El Parque de Europa en Rust, el más grande parque de atracciones de Alemania atrae cada año millones de visitantes.

Altstadtimpression von Offenburg, dem Zentrum der Ortenau.

Impression of Offenburg's old town, centre of the Ortenau.

Ambiance dans la vieille ville d'Offenburg, le centre de l'Ortenau.

Impresion de la ciudad antigua de Offenburg, el centro de la región de Ortenau.

Die Fresken der Klosterkirche von Gengenbach entstanden Ende des 19. Jahrhunderts.

Frescos in the monastic church of Gengenbach, dating from the end of the 19th Century.

Les fresques de l'église du couvent de Gengenbach ont été réalisées à la fin du 19e siècle.

Los frescos de la iglesia del Convento de Gengenbach fueron pintados a fines del siglo XIX.

Dichter Nebel in den tieferen Lagen des Kinzigtals.

Dense fog in the lowlands of the Kinzig Valley.

Le fond de la vallée de la Kinzig est plongé dans un épais brouillard.

Niebla espesa en los lugares más profundos del valle del río Kinzig.

Die Bollenhüte sind typisch für die Gutacher Tracht.

These hats known as Bollenhüte are a typical part of Gutach traditional costume.

Les chapeaux à pompons sont typiques des costumes traditionnels de Gutach.

Los sombreros de bola son típicos para los vestidos regionales de Gutach.

Oberschlächtiges Mühlrad an der Benzmühle bei Ottenhöfen-Unterwasser im Ortenaukreis.

Overshot water wheel at the mill Benzmühle near Ottenhöfen-Unterwasser in the Ortenau district.

Roue de moulin actionnée d'en dessus du moulin Benzmühle près d'Ottenhöfen-Unterwasser dans l'Ortenau.

Rueda de molino de agua en el Molino de Benz cerca de Ottenhöfen-Unterwasser en la región de Ortenau.

Schwarzwälder Freilichtmuseum
Vogtsbauernhof:
Hanfreibe und Hanfstampfer (oben),
die »gute Stube«
im Hippenseppenhof.

The Black Forest open-air museum
Vogtsbauernhof:
hemp rasp and hemp tamper (above),
the reception room
in Hippenseppenhof.

Le musée paysan en plein air
de la Forêt-Noire de Vogtsbauernhof:
Les râpes et des broyeurs
à chanvre (en haut),
le salon dans la ferme
«Hippenseppenhof».

Museo Vogtsbauernhof
(La Hacienda del Corregidor)
al aire libre de la Selva Negra:
aperos para rallar y
machacar el cáñamo (arriba),
la «gute Stube» (la sala)
en la hacienda de los Hippensepp.

Oben: Die Burgruine Hohenschramberg im Abendlicht. Unten: Die imposante, aus rotem Sandstein erbaute Klosteranlage beherrscht das kleine Schwarzwaldstädtchen Alpirsbach.

Above: Stronghold ruins of Hohenschramberg in the light of evening. Below: The imposing monastery building made of red sandstone, reigns over the little Black Forest town of Alpirsbach.

En haut: Les ruines du château fort de Hohenschramberg dans la lumière du soir.
En bas: Un imposant ensemble monastique construit en grès rouge domine la petite ville d'Alpirsbach dans la Forêt-Noire.

Arriba: Las ruinas del Castillo fortificado de Hohenschramberg a la luz nocturna.
Abajo: La imponente construcción del Convento construido de piedra arenisca rojiza domina la pequeña ciudad de la Selva Negra Alpirsbach.

Aus der Luft erkennt man gut den quadratischen Aufbau Freudenstadts.

From the air you can clearly see the quadratic construction of Freudenstadt.

D'avion on distingue bien le plan en damier de Freudenstadt.

Desde el aire se reconoce bien la construcción cuadrada de Freudenstadt.

In schwungvollem Bogen umfährt
die Bundesstraße 28 die Stadt Nagold.

With a great energetic curve
the A-road Bundesstraße 28 bypasses
the town of Nagold.

La route nationale B28 contourne
la ville de Nagold en d'amples courbes.

En una curva pronunciada se desvía
la carretera nacional 28 de la ciudad
de Nagold.

Wie aufeinander gestapelt
stehen die Häuser Altensteigs
am Schlossberg.

As if piled up upon one another
stand the houses of Altensteig on
Schlossberg.

Les maisons d'Altensteig semblent
s'empiler les unes au-dessus
des autres sur le Schlossberg.

Como apiladas una encima de otra
se encuentran las casas de Alten-
steig cerca del Monte del Castillo.

Der sehenswerte Marktplatz von Calw
im Nagoldtal.

Worth seeing, the market square of Calw
in the Nagold Valley.

Il faut aller voir la place du marché de Calw
dans la vallée du Nagold.

El mercado de la ciudad de Calw
el cual vale la pena de ver en el valle de Nagold.

Nächtliche Theateraufführung in der Klosterruine
Hirsau bei Calw.

Theatre performance by night
in the monastic ruins of Hirsau near Calw.

Représentations théâtrales nocturnes dans
les ruines de l'abbaye de Hirsau près de Calw.

Representación teatral nocturna
en la ruina del Convento Hirsau cerca de Calw.

Wildkrokusblüte auf
den Burgwiesen von Zavelstein.

Wild crocus, blossoming
in the meadows of the stronghold
of Zavelstein.

Floraison de crocus sauvages
sur la prairie du château fort de
Zavelstein.

Flores silvestres de la planta
del croco sobre los prados del
Castillo fortificado de Zavelstein.

Berneck mit seinem Oberen
Schloss im Schneetreiben.

Berneck with its castle
Oberes Schloss amidst heavy
snowfall.

Une tempête de neige sur
Berneck avec son
«Oberes Schloss».

Berneck con su Oberes Schloss
(Castillo Superior)
bajo una tormenta de nieve.

Das Naturschutzgebiet Hohlohsee
bei Kaltenbronn im nördlichen Schwarzwald.

The natural reserve Hohlohsee near Kaltenbronn
in the northern part of the Black Forest.

La réserve naturelle de Hohlohsee près
de Kaltenbronn dans le nord de la Forêt-Noire.

La Zona Natural Protegida Hohlohsee cerca de
Kaltenbronn en la parte norte de la Selva Negra.

Die romanische Candiduskirche bei Kentheim im Nagoldtal.

The Romanic church Candiduskirche near Kentheim in the Nagold Valley.

L'église romane Saint-Candidus près de Kentheim dans la vallée du Nagold.

La iglesia románica Candiduskirche cerca de Kentheim en el valle de Nagold.

Ein Tribut an die römische Vergangenheit Baden-Badens – die modernen Anlagen der Caracalla-Therme.

Attributed to Baden-Baden's Roman past— the modern complex of the Caracalla thermal springs.

Un tribut rendu au passé romain de Baden-Baden – les installations modernes des bains «Caracalla-Therme».

Un tributo al pasado romano de Baden-Baden: las modernas instalaciones de las aguas termales de Caracalla.

Eine gründerzeitliche Hotelfassade im Kurort Baden-Baden.

A hotel façade, dating from the German "Gründer" (founder) period (around 1870), in the spa town of Baden-Baden.

Une façade d'hôtel datant de l'époque des fondateurs dans la ville de cure de Baden-Baden.

La fachada de un hotel de la época de la Gründerzeit (revolución industrial alemana) en el balneario de Baden-Baden.

Rot und Weiß
sind die vorherrschenden Farben
im Innenraum
des romanischen Münsters in Schwarzach.

Red and white
are the predominant colours
inside the Romanic minster in Schwarzach.

Le noir et le rouge
prédominent à l'intérieur
de la cathédrale romane de Schwarzach.

Rojo y blanco
son los colores predominantes
en el interior
de la Colegiata románica en Schwarzach.

Oben: Das »Corps de Logis« des Residenzschlosses in Rastatt.
Unten: Die ehemalige Sommerresidenz der Markgräfin Sibylla Augusta von Baden-Baden liegt bei Rastatt-Förch.

Above: The "Corps de Logis" of the Residential Palace in Rastatt.
Below: The former summer residence of the margravine Sibylla Augusta of Baden-Baden lies near Rastatt-Förch.

En haut: Le «corps de logis» du château de Rastatt.
En bas: L'ancienne résidence d'été de la margrave Sibylla Augusta von Baden-Baden est située près de Rastatt-Förch.

Arriba: El «Corps de Logis» del Castillo Residencial en Rastatt.
Abajo: La antigua residencia de verano de la Margravina Sibylla Augusta de Baden-Baden se encuentra cerca de Rastatt-Förch.

Die Sendeanlagen oberhalb von Mühlacker.

The transmission towers above Mühlacker.

Les émetteurs au-dessus de Mühlacker.

Las estaciones emisoras arriba de Mühlacker.

Die Pforzheimer Fußgängerzone in der Karl-Friedrich-Straße lädt zum Bummeln und Entspannen ein.

The Pforzheim pedestrian precinct in Karl-Friedrich-Straße, inviting for both ambling and relaxing.

La zone piétonne de Pforzheim dans la Karl-Friedrich-Straße invite à la flânerie et à la détente.

La zona peatonal de Pforzheim en la Calle Karl-Friedrich invita a pasear y a relajarse.

Weltkulturerbe der UNESCO – das ehemalige Zisterzienserkloster Maulbronn.

A UNESCO World Heritage—the former Cistercian monastery of Maulbronn.

Classée au patrimoine culturel mondial de l'UNESCO – l'ancienne abbaye cistercienne de Maulbronn.

Patrimonio Cultural del Mundo de la UNESCO: el antiguo Convento de los Cistercienses en Maulbronn.

Gondelsheim im Kraichgau mit Burg- und Schlossanlage der Grafen Douglas. Unten: Eine Hundefigur ziert einen Brunnen in Bretten.

Gondelsheim in the Kraichgau with stronghold and castle of Count Douglas. Below: The figure of a dog adorns a fountain in Bretten.

Gondelsheim dans le Kraichgau avec le château des comtes Douglas. En bas: Une statue de chien décore une fontaine à Bretten.

Gondelsheim en el Kraichgau con el Castillo de los Condes Douglas. Abajo: Una figura de un perro adorna un pozo en Bretten.

Burg Steinsberg bei Sinsheim, der Kompass des Kraichgaus.

The stronghold Burg Steinsberg near Sinsheim, known as the "compass" of the Kraichgau.

Le château fort de Steinsberg près de Sinsheim, la boussole de la région du Kraichgau!

El Castillo fortificado de Steinsberg cerca de Sinsheim es la brújula de la región del Kraichgau.

Am Brunnen vor dem Kanzleibau in Bruchsal findet sich dieses goldene Medaillon mit dem Porträt der Markgräfin Amalie von Baden.

At the fountain in front of the chancellery in Bruchsal you will find this golden medallion with the portrait of the margravine Amalie of Baden.

Sur la fontaine devant la chancellerie de Bruchsal se trouve un médaillon doré avec le portrait de la margrave Amalie de Bade.

En la fuente delante de la Cancillería en Bruchsal se encuentra este medallón de oro con el retrato de la Margravina Amalie von Baden.

Bruchsal – ehemalige Residenz der Fürstbischöfe von Speyer.

Bruchsal—former residence of the electors of Speyer.

Bruchsal – L'ancienne résidence des princes-évêques de Spire.

Bruchsal: antigua residencia de los príncipes-obispos de Speyer.

Das markgräfliche Schloss in Ettlingen bei Karlsruhe.

The margrave castle in Ettlingen near Karlsruhe.

Le château des margraves à Ettlingen près de Karlsruhe.

El Castillo del Margrave en Ettlingen cerca de Karlsruhe.

Eisbärgehege
und Seehundbecken
im Karlsruher Zoo.

The polar bear reserve
and the seal pool in
Karlsruhe Zoo.

L'enclos des ours
polaires et le bassin
des phoques
du zoo de Karlsruhe.

El cercado de osos
polares y la piscina
de lobos de mar
en el zoológico de
Karlsruhe.

Die Markgrafen und Großherzöge von Baden residierten im Karlsruher Schloss.
Die Innenstadt läuft fächerförmig darauf zu.

The margraves and grand dukes of Baden resided in Karlsruhe castle
towards which all paths run fan-shaped from the town centre.

Les margraves et les grands-ducs de Bade résidaient dans le château de Karlsruhe.
La ville se déploie en éventail à partir de là.

Los Margravinos y los Grandes Duques de Baden residieron en el castillo de Karlsruhe.
El centro de la ciudad se concentra en forma de abanico en el castillo.

Die rechenförmigen Hafenanlagen von Karlsruhe.

Karlsruhe docks, in the shape of a rake.

Les installations portuaires en forme de rateau de Karlsruhe.

Las instalaciones portuarias en forma de rastrillo de Karlsruhe.

Baden-Württemberg

Von Martin Klaus

Baden-Württemberg – »Musterländle«, »Land der Häuslebauer«. Kosenamen für ein vielgestaltiges und wirtschaftlich starkes Land, das von bodenständigen und traditionsbewussten, aber auch innovativen und zukunftsorientierten Menschen bewohnt wird. Ganze Bibliotheken ließen sich füllen mit dem, was es zu diesem Bundesland im Südwesten Deutschlands zu sagen gibt. Allein die Beschreibung der Landschaften ...

Land und Leute

So viel Verschiedenes kann man erzählen: Von der breiten und fruchtbaren Rheinebene zwischen Karlsruhe, Heidelberg und Mannheim; von den bewaldeten Höhenzügen des Odenwalds; vom leicht gewellten Kraichgau; vom weinreichen Hügelland an Strom- und Heuchelberg; über die sich weit erstreckende Fläche der Hohenlohe; vom Schwäbisch-Fränkischen Wald mit seinen vielen Bächen und Mühlen; über das Weinland am Neckar; vom Großraum Stuttgart, dem Zentrum des Landes; von den lieblichen Gäulandschaften; dann die bizarren Kalksteinformationen und hohen Bergkegel der Schwäbischen Alb; das barocke Oberschwaben; die alpinen Gebiete im Schwarzwald und im württembergischen Allgäu; das sonnige Südbaden, das sich vom Markgräflerland bis zum Kaiserstuhl erstreckt. Und dazu noch die fast mediterran wirkende Landschaft an Bodensee und Hochrhein. Man kann schon sagen, bis auf Wüste, Hochgebirge und Meeresküste hat Baden-Württemberg alles zu bieten.

Und wo leben und arbeiten die Menschen? Da gibt es winzige Weiler in den Hochlagen des Schwarzwaldes, des Allgäus und der Schwäbischen Alb, wo sich Fuchs und Hase Gute Nacht sagen. Da sind viele Gemeinden und (Klein-)Städte, die überall im Land verstreut liegen und mit ihrer kulturellen, aber auch gewerblichen Umtriebigkeit ein wichtiges Standbein für Baden-Württemberg als Kultur- und Wirtschaftsland darstellen. Und dann die großen Ballungsräume um Stuttgart, Mannheim und Karlsruhe, Anziehungspunkt für Kulturschaffende von Weltrang, international tätige Unternehmen, Forscher und Wissenschaftler, Erfinder modernster Technologien. Baden-Württemberg lebt gerade von diesen Unterschieden. Ob im Dorf oder in der Metropole, überall sind Tüftler und Ideenschmiede am Werk. Sie machen den Ruf des Landes als Standort für alle Arten des Maschinenbaus aus. Vom riesigen Schiffsmotor bis zum Mikrogetriebe, von der Flugzeugturbine bis zum Industrieroboter – die Palette der Produkte ist groß.

Das sind allerdings nur die landschaftlichen und wirtschaftlichen Aspekte, die die Vielfalt Baden-Württembergs verdeutlichen. Ähnlich sieht es bei den Bewohnern dieses Landes aus. Kurpfälzer, Franken, Württemberger, Oberschwaben, Hohenzollern, Alemannen und Badener – alle haben sie ihre Eigenheiten, ihre unterschiedlichen Dialekte, ihre ganz bestimmte Lebensweise. Die einen reden alemannisch, geben sich französisch-mediterran leger; die anderen bezeichnen sich als schlitzohrig mit Mutterwitz und unterhalten sich auf Fränkisch; dann gibt es da solche, »die sich üwerall zurecht find«, lebensfroh und heiter sind – die wohnen in der Kurpfalz; und schließlich die, die Schwäbisch »schwätzad«, denen Tüftlergeist und Fleiß, aber auch übertriebene Reinlichkeit und Sparsamkeit nachgesagt wird. Alle miteinander vereinen die verschiedenen historischen Traditionen des südwestdeutschen Raumes zu der kulturellen Vielschichtigkeit, die das Land Baden-Württemberg auszeichnet.

Eine Reise durchs Land

Eines der meist besuchten Ziele Baden-Württembergs ist Heidelberg, die alte kurpfälzische Residenz- und Universitätsstadt. Viele Lieder besingen diese »Zauberin am Neckarstrand«, der die großartige Schlossruine, die Geschlossenheit der Altstadt und ihre Lage im tief eingeschnittenen Neckartal ein romantisches Gepräge verleihen. Viele Gäste, vor allem aus Fernost und aus Übersee, tummeln sich das ganze Jahr in den engen Gassen, auf den Plätzen und in den teilweise verfallenen Anlagen des kurpfälzischen Schlosses. Auch »Großes Fass« und »Zwerg Perkeo« dürfen auf keiner Reiseroute der Touristen fehlen.

Nördlich von Heidelberg erstreckt sich eine Landschaft, die zu den wärmsten Regionen Deutschlands zählt. Mandel- und Magnolienbäume, Aprikosen und Pfirsiche – hier blühen und gedeihen sie. Die Rede ist von der Bergstraße, die sich, angeschmiegt an die westlichen Hänge des Odenwaldes, von Weinheim Richtung Hessen ausbreitet.

Nur wenige Kilometer entfernt, am Zusammenfluss von Neckar und Rhein, liegt die Großstadt Mannheim. Geprägt ist sie von ihrer Altstadt, die Anfang des 18. Jahrhunderts auf dem Reißbrett entworfen wurde und an deren westlichem Rand sich das kurpfälzische Schloss befindet. Die günstige Lage an Rhein und Neckar sowie an wichtigen Verkehrswegen hat Mannheim zu einem der großen Ballungsräume Baden-Württembergs wachsen lassen. Weltweit tätige Firmen, vor allem der Automobilbranche und der chemisch-pharmazeutischen Industrie, haben sich in der Messe- und Kongressstadt unterm Wasserturm niedergelassen. Täglich pendeln Zigtausende in die Rhein-Neckar-Metropole.

Im umliegenden Kurpfälzer Land liegt die Stadt Schwetzingen, berühmt wegen ihres prunkvollen und fantasiereichen Schlossgartens, ihrer Schlosskonzerte, aber auch wegen einer kulinarischen Köstlichkeit, dem Spargel, der hier in endlosen Hügelstreifen heranwächst.

Doch wenden wir uns nun gen Osten, neckaraufwärts, Richtung Odenwald. Der Fluss hat sich tief ins bewaldete Bergland eingegraben. Große Frachtschiffe schippern ihre Ladung, sei es Kohle, Getreide oder Schrott, ihren Zielorten entgegen. In den Schiffspausen queren an brückenlosen Abschnitten kleine Fähren den Neckar. In jeder Flussschleife ragen Burgen, meist aus rotem Sandstein, aus dem Wald. Manche sind zerfallen, andere auch heute noch bewohnt. Zwingenberg, Hornberg, Stolzeneck, Minneburg – sie zeugen von herrschaftlichen und unruhigen Tagen. Neckargemünd am Zusammenfluss von Elsenz und Neckar, Neckarsteinach mit dem oberhalb der Neckarschleife gelegenen Ort Dilsberg, Eberbach mit seiner hübschen Altstadt und der prachtvollen zweitürmigen Kirche Sankt Nepomuk – das sind einige der Neckarstädte im Odenwald.

Noch ein Stück flussaufwärts bis Neckarelz, dann kommt der Hauptort des Neckar-Odenwald-Kreises – Mosbach. Dieses pittoreske Städtchen mit einer Vielzahl prächtiger Fachwerkbauten bildet zugleich das Tor zum Nordosten Badens, der sich von den Ausläufern des Odenwalds über das Bauland, das auch badisches Frankenland genannt wird, bis zu Main und Tauber erstreckt. Walldürn, Wallfahrtsort am Rand des Odenwaldes; Wertheim, an der Mündung der Tauber in den Main gelegen, mit malerischer Altstadt, die von einer mächtigen Burgruine überragt wird; Tauberbischofsheim, Zentrum des Main-Tauber-Kreises, mit der wuchtigen Anlage des Kurmainzischen Schlosses und dem Bundesleistungszentrum des deutschen Fechtsports – mehr als sehenswerte Orte im tauberfränkischen Gebiet.

Folgt man der Tauber flussaufwärts, erreicht man nach kurzer Wegstrecke den Kurort Bad Mergentheim, früher Zentrum des »Deutschen Ordens«. Die riesige Anlage des Ordensschlosses und der ausgedehnte Kurpark zeichnen diese Stadt im Norden Baden-Württembergs aus. Hier beginnt der Taubergrund, der mit seinen gut ausgebauten Radwegen ein Paradies für Radwanderer ist. Nicht weit von Bad Mergentheim entfernt befindet sich die ehemalige hohenlohische Residenzstadt Weikersheim. Das einmalige Renaissanceschloss und der mit Plastiken von Zwergen, Nymphen und anderen Fantasiegestalten bevölkerte Schlossgarten suchen hierzulande ihresgleichen. Noch ein Stückchen weiter östlich und fast schon auf bayerischem Boden verbirgt sich ein Kleinod ganz besonderer Art: Der von Tilman Riemenschneider geschaffene Marienaltar in der Creglinger Herrgottskirche. Gotische Schnitzkunst in höchster Vollendung. Wer der Tauber noch weiter stromaufwärts folgt, der stößt nach kurzer Fahrt auf einen weiteren Höhepunkt jeder Deutschlandtour – Rothenburg ob der Tauber. Aber das liegt schon in Bayern.

Von Creglingen aus schwenken wir nach Südwesten und es empfängt uns die weitläufige Hohenloher Ebene. Felder bis an den Horizont, nur unterbrochen durch Jagst und Kocher, die sich mit ihren Mäandern tief ins Gelände eingeschnitten haben. So tief, dass man hohe Brückenbauwerke errichten musste, um sie zu überspannen. Die Kochertalbrücke nördlich von Schwäbisch Hall, wo die Autobahn Heilbronn–Nürnberg den Fluss überquert, ist eine der höchsten in ganz Europa. Entlang der Täler reiht sich ein malerischer Ort an den anderen. Alte Klöster, alte Kirchen, Burgen und Residenzschlösser zur Rechten und zur Linken. Ackerbau und Schweinezucht, damit beschäftigt man sich noch heute im Hohenlohischen. Hier werden viele Höfe nach ökologischen Richtlinien bewirtschaftet. Die im Süden der Hohenlohe gelegene ehemalige Salzstadt Schwäbisch Hall kann als Zentrum dieser Landschaft angesehen werden. Berühmt ist Hall wegen seines Freilicht-Theaters auf den Stufen der Michaelskirche, wegen seiner geschlossen erhaltenen mittelalterlichen Altstadt und des Kunstmuseums Würth. Und nicht zu vergessen, ob der imposanten Anlage des ehemaligen Benediktinerklosters Groß-Comburg hoch über dem Kochertal. Die »Eisenbahnstadt« Crailsheim, Öhringen, einst hohenlohische Residenz, oder die »Schraubenstadt« Künzelsau sind wichtige Orte dieser Landschaft.

Doch hier verlassen wir die Hohenlohe, tauchen ein in tiefe Wälder, wo noch Mühlen klappern und wo einst die Bausparkasse erfunden wurde. Mainhardter, Murrhardter, Welzheimer Wald, die Löwensteiner Berge – wir befinden uns im Schwäbisch-Fränkischen Wald. Stoßen allenthalben auf Zeugnisse römischer Präsenz, Limesreste, Wachttürme, Kastelle, hier war einst Grenzland. Hier steht ein Kleinod der Romanik, die Walterichskapelle in Murrhardt, ein Glanzpunkt staufischer Baukunst. Wir wenden uns gen Westen und schon bald öffnet sich der Wald.

Vor uns das weite Neckartal, begleitet von ausgedehnten Weinbergen und der reizvollen Gäulandschaft. Und direkt am Neckar die alte Reichsstadt Heilbronn: bedeutende Hafenstadt; quirliger Verkehrsknotenpunkt; wichtiger Wirtschaftsstandort, Arbeits-, Einkaufs- und Kulturzentrum des so genannten Unterlandes. Theater, Salzbergwerk, Stadt von Kleists Käthchen – weitere Aspekte, um den Charakter dieser 120 000-Einwohner-Stadt zu beschreiben. Und die Umgebung? Da wäre Weinsberg, die Stadt des Dichters Justinus Kerner mit ihrer berühmten Burgruine »Weibertreu«. Sie erhielt ihren Namen nach der Eroberung durch König Konrad III. Der Staufer hatte den Frauen des besiegten Weinsberg gestattet, die Burg mit so viel ihrer Habe zu verlassen, wie sie tragen konnten. Die treuen »Weiber« trugen daraufhin ihre Männer aus der Burg hinaus in die Freiheit. Oder im Norden: Bad Wimpfen, die alte Stauferpfalz. Dort sah man schon im 13. Jahrhundert, beim Besuch des Stauferkaisers Friedrich II., Löwen, Elefanten und sonstiges exotisches Getier. Überall in der Stadt zeigen sich die Spuren der hochherrschaftlichen Vergangenheit. Und Bad Friedrichshall, Kur- und Salzbergwerksort. Im Stadtteil Kochendorf können Besucher im Museumsbergwerk die Methoden des Salzabbaus unter Tage erleben. Westlich von Heilbronn liegt die hügelige Landschaft von Stromberg und Heuchelberg. Auf den Bergkuppen wächst tief dunkler Wald, an den Hängen dagegen Wein, wohin das Auge blickt. Haberschlacht, Stetten, Schwaigern, Neippberg – da geht dem Weinfreund das Herz auf. Und südlich von Heilbronn bilden die Städte Lauffen, malerisch in einer Neckarschleife gelegen, Besigheim mit seiner schönen Altstadt und Bietigheim-Bissingen, bekannt durch das grandiose Eisenbahnviadukt über die Enz, wichtige Zentren in diesem Raum.

Wir folgen dem Neckar weiter stromaufwärts. Ludwigsburg heißt unsere nächste Station. Gleich drei Schlösser künden hier von barocker und absolutistischer Prachtentfaltung. Residenz, Favorite und Monrepos zeugen von französischer Lebensart im württembergischen Kernland. Auch die Stadt selbst ist eine Schöpfung des 18. Jahrhunderts, gegründet durch Herzog Eberhard Ludwig von Württemberg als Sitz von Verwaltung und Militär, streng gegliedert in ihrem ursprünglichen Bild. Heute präsentiert sich die Stadt mit Filmakademie, Fachhochschule und Pädagogischer Hochschule als wichtiger Bildungsstandort.

Werfen wir einen Blick aufs Umfeld Ludwigsburgs. Marbach, die beschauliche Kleinstadt am Neckar. Hier weilen die »Großen« des Landes. Lyriker, Romanciers, Essayisten, Aphoristiker, alle, die irgendwie ihren Beitrag zur neueren deutschen Literatur geleistet haben, sind hier versammelt – und natürlich Friedrich Schiller. Die Rede ist vom Schiller-Nationalmuseum und vom Deutschen Literaturarchiv, beide in Marbach am Neckar, dem Geburtsort des berühmten württembergischen Dichters. Auf der anderen Seite des Neckars erhebt sich ein weiterer Ort, an dem einst ganz »Große« weilten. Im berüchtigten Festungsgefängnis auf dem Hohenasperg waren neben vielen Freidenkern und Revolutionären auch der Poet Schubart und der Nationalökonom und Eisenbahnpionier Friedrich List eingesperrt. List hätte heute seine helle Freude daran, sähe er die Schnellfahrstrecke der Deutschen Bahn, die hier, zu Füßen des Aspergs, durchs Land an Glems und Enz verläuft. Sie verkürzt die Fahrzeit zwischen Stuttgart und Mannheim auf weniger als eine Stunde.

Wir gehen im Zickzack auf Stuttgart zu. Jetzt wieder zurück über den Neckar und weiter in den Rems-Murr-Kreis. Backnang, Waiblingen, Schorndorf – Hauptorte dieser Gegend, alle mit bewegter Vergangenheit, alle mit hübschen Innenstädten, die ein Verweilen lohnen. Das Remstal ist wieder eine der Hauptachsen württembergischer Weinkultur und hier haben sich auch kleine, wunderschöne Gastwirtschaften erhalten, »Wirtschafts-Wunder« geradezu, in denen man es sich bei Altbekanntem aus Küche und Keller gemütlich machen kann. Architektonische Kostbarkeiten folgen remsaufwärts: Kloster Lorch, geistiges Zentrum und Grablege der frühen Staufer, sowie Schwäbisch Gmünd. In der ehemaligen Silberstadt haben sich romanische und spätgotische Baumeister verewigt. Die staufische Johanniskirche und das von Peter Parler errichtete Heilig-Kreuz-Münster sind steingewordene Zeugnisse ihrer Zeit.

Rems- und Neckartal werden vom Schurwald getrennt. Dieser Höhenzug wird von dichten Wäldern bedeckt und dient den Anrainern als Naherholungsgebiet. Begibt man sich auf der anderen Seite wieder ins Tal hinab, so steht man inmitten der geschichtsträchtigen Neckarstadt Esslingen. Sie ist umgeben von ausgedehnten Rebhängen und beherbergt in ihren Mauern sowohl die älteste Sektkellerei als auch den Hersteller des meistverkauften Essigs in Deutschland. Viele mittelalterliche Häuser, Gassen mit schönem Kopfsteinpflaster und die älteste erhaltene Bettelordenskirche auf deutschem Boden zeichnen die ehemalige Reichsstadt aus. Ihre Industrie- und Wohnvororte sind längst mit denen der Nachbarstädte zu einer Einheit verwachsen.

Die »Region Stuttgart« hat etwa 1,5 Millionen Einwohner. Gut ein Drittel davon leben in Stuttgart, der Hauptstadt Baden-Württembergs, dem Sitz des Landtags und der Landesregierung. Hier gibt es alles: Theater, Oper und das weltberühmte Stuttgarter Ballett; Orchester, Konzertsäle, ein Schriftsteller- und ein Literaturhaus; Schlösser, Parks und Seen; den zoologisch-botanischen Garten Wilhelma, den Killesberg und jede Menge Museen; die Musikhochschule, die Kunstakademie, zwei Universitäten, viele andere Hochschulen; U-Bahnen, S-Bahnen, Autobahnen und natürlich den Stuttgarter Fernsehturm, den ersten seiner Art und Vorbild für Fernsehtürme auf der ganzen Welt. In Stuttgarts Sportstadien und -hallen finden internationale Turniere statt, kämpfen der Verein für Bewegungsspiele, kurz VfB, und die Kickers um Tore und den Sieg. Stuttgart möchte Austragungsort der Olympischen Spiele von 2012 werden. Hier finden sich die stärksten Mineralquellen Westeuropas, hier wachsen die Weinberge bis an die Bürohäuser der Innenstadt. Hier sind aber auch international tätige Großkonzerne zu Hause, bauen Automobile, elektronische Bauteile und Maschinen aller Art. Dann gibt es da noch das Volksfest auf dem Cannstatter Wasen, das nach dem Münchner Oktoberfest eines der größten Deutschlands ist. Und die vielen dörflich geprägten Vororte, die der Stadt auch einen ländlichen Charakter verleihen. Stuttgart hat also alles, was eine Landeshauptstadt so braucht. Südlich von Stuttgart, auf der Filder-Ebene, die bekannt ist für das unverwechselbare Filderkraut, befindet sich bei Leinfelden-Echterdingen der Flughafen Stuttgart. Nach Kasachstan und Kirgisien kann man von hier aus genauso fliegen wie nach Kuba und Köln – Anschluss an die weite Welt.

Nur ein kurzer Sprung nach Westen ist es dagegen bis zum Landkreis Böblingen. Zwei Städte sind hier zu einem Konglomerat zusammengeschmolzen, in dem Weltfirmen der Computerbranche, der Automobiltechnik, der Maschinenbauindustrie und des Dienstleistungsgewerbes eine Heimat gefunden haben – und viele tausend Menschen einen Arbeitsplatz. Gemeint sind Sindelfingen und Böblingen. Ein noch kleinerer Sprung ist es von hier bis Weil der Stadt, dem Wiegenort des großen Mathematikers und Astronomen Johannes Kepler (1571–1630), der die Gesetze der Planetenbewegung erforschte.

Richtung Tübingen dehnen sich die weiten Waldgebiete des Schönbuchs aus. Filderstadt im Osten, das Gäustädtchen Herrenberg im Westen und Tübingen im Süden markieren die Grenzen des für den Großraum Stuttgart so wichtigen Erholungsgebietes. Und mittendrin das ehemalige Zisterzienserkloster Bebenhausen, das in seiner langen Geschichte nicht nur den Mönchen, sondern auch als Jagdschloss, »Königsruhesitz« und Landtag gedient hat.

Tübingen, Festungsstadt, Residenzstadt, aber vor allem Studentenstadt mit legendärem Ruf. Dichter und Denker, Philosophen und Pädagogen, Geistliche und Geistvolle – viele Berühmtheiten haben hier Seminare besucht oder Vorlesungen gehalten, beispielsweise die Philosophen Hegel, Schelling und Bloch, die Dichter Hölderlin, Hauff und Uhland, der Astronom Johannes Kepler, der Botaniker Leonhart Fuchs, der Chemiker Adolf Butenand oder die Entwicklungsbiologin und Nobelpreisträgerin Christiane Nüsslein-Volhard, um nur einige Namen zu nennen. Tübingen hat seit 1477 eine Universität und zieht bis heute Studenten aus aller Welt in seinen Bann – etwa 20 000 sind es zur Zeit. Außerdem bietet die Stadt, laut einer kürzlich durchgeführten Umfrage, die höchste Lebensqualität in ganz Deutschland.

Ein wenig neckaraufwärts liegt die Römer- und Bischofsstadt Rottenburg. Sie ist seit der Mitte des 19. Jahrhunderts Zentrum der Katholiken Württembergs. Die Diözese Rottenburg-Stuttgart ist überdies eines der größten katholischen Bistümer Deutschlands. Im Römermuseum der Stadt gibt es eine 32 Meter lange Toilettenanlage zu bestaunen, ein wichtiger Ort der antiken Kommunikation.

Doch gehen wir weiter, folgen dem Neckar an seinen Oberlauf. Horb, Sulz und Oberndorf liegen drunten im Tal, das in die Landschaft des Heckengäus eingeschnitten ist. Nicht im Tal, sondern weit darüber: die frühere Römerstadt Rottweil, eine Hochburg der schwäbisch-alemannischen Fasnet. Mit selbstgeschnitzten, manchmal freundlich, manchmal schaurig dreinblickenden Holzmasken ausstaffiert, in buntes Häs gewandet, toben die Narren in der Fasnachtszeit durch die Gassen der Stadt, locken Schaulustige und Mitfeiernde nicht nur aus der nächsten Umgebung herbei. Noch ein Stück weiter, den Neckar entlang: Jetzt kommen wir nach Schwenningen, dem württembergischen Teil der mit Villingen verbundenen Doppelstadt Villingen-Schwenningen. Schwenningen war berühmt für seine Uhrenindustrie. Doch die ist nicht mehr. Heute haben sich moderne Feinmechanik-, Elektrotechnik- und Elektronik-Betriebe angesiedelt. Und irgendwo südlich der Stadt, im Schwenninger Moos, quillt der Neckar aus dem Boden, entspringt der württembergische Landesfluss schlechthin.

Nun geht es hinein in die südlichen Ausläufer der Schwäbischen Alb. Jenseits der Donau, die bei Donaueschingen aus Breg und Brigach immer neu entsteht, hebt sich die Landschaft an. Bei Fridingen ist sie schon so hoch, dass sich die Donau tief ins Gestein eingegraben hat, hier durchbricht der Fluss die Alb. Wir befinden uns inmitten des Naturparks »Obere Donau«, überall ragen bizarre Felsmassive aus den Waldhöhen. Aber löchrig ist dieser Stein, wie ein Schweizer Käse. An mehreren Stellen versickert und versinkt die Donau einfach. In trockenen Zeiten ist das Flussbett dann nur mit Kies gefüllt, nicht mit Wasser. Das Nass macht sich unterirdisch davon, kommt weiter südlich im Aachtopf wieder aus dem Berg und fließt zum Bodensee ab. Dass die Donau trotzdem nicht austrocknet, dafür sorgen genügend andere Zuflüsse aus der Alb. Und so können wir uns weiterhin am schönen Bild erfreuen, das der Fluss mit seinen weiten Schleifen, umrahmt von Felsen und Burgen, beim Kloster Beuron bietet. Nördlich davon erstreckt sich das ausgedehnte Hochplateau des großen Heubergs, der von Tuttlingen, einem Zentrum der Medizin-Technik, bis Albstadt reicht. Von dort aus dehnt sich das Mittelgebirge der Schwäbischen Alb weiter nach Nordosten aus.

Auf der Seite, die dem Neckar zugewandt ist, herrschen Steilhänge und tief eingewaschene Täler vor. Auf den Kuppen und Kegeln dieser »Albtrauf« genannten Landschaft sitzen meist Ruinen, Burgen und Schlösser: Hohenzollern bei Hechingen, Lichtenstein nahe der Stadt Pfullingen, die Teck bei Kirchheim, der Hohenstaufen oberhalb Göppingens und der Rosenstein bei Heubach sind nur einige Beispiele für diese »Felsennester«. Wichtige Orte befinden sich hier: die Zollernstadt Balingen, berühmt durch ihre exquisiten Kunstausstellungen; die Großstadt Reutlingen, Wirtschaftszentrum in der Region Neckar-Alb; die Fachwerkstädte Nürtingen und Kirchheim unter Teck; die »Märklin«-Stadt Göppingen am Fuß der drei Kaiserberge und Aalen, alte Römerstadt, Standort von optischer und elektronischer Industrie. Auf der Südseite, zur Donau hin, flachen die Höhen langsam ab und gehen über in die weiten Landschaften Oberschwabens und Bayerisch-Schwabens. Hier markieren die Stadt Sigmaringen mit ihrem wuchtigen Zollernschloss, die Barockperle Zwiefalten, Blaubeuren, bekannt durch Kloster und Blautopf, und Giengen an der Brenz, Heimatstadt der Steiff-Plüschtiere und »Geburtsort des Teddybärs«, die Grenze der Alb.

Um diese Bergbarriere zu überwinden, mussten kühne Bauwerke geschaffen werden. Die Autobahn von Stuttgart nach München erklimmt in zwei Stufen die Albhochfläche. Am Aichelberg und am Drackensteiner Hang führen steile Rampen und weitgestreckte Brücken nach oben. Auch die Eisenbahn meistert diesen Aufstieg. Die Geislinger Steige, vor über 150 Jahren erbaut, gilt auch heute noch als eine der steilsten Bahnstrecken Europas. Schublokomotiven müssen schwere Züge zur Hochfläche geleiten. Geislingen wurde durch diese Bahnlinie zu einem wichtigen Zentrum der frühen Industrialisierung Württembergs.

Und droben auf den Höhen, da galt lange Zeit das Sprichwort: »Viel Steine gab's und wenig Brot.« Und wenig Wasser. Erst durch die Projekte der Albwasserversorgung im 19. Jahrhundert konnten die auf der Hochfläche gelegenen Weiler und Dörfer mit dem für Mensch und Tier Lebensnotwendigen ausreichend versorgt werden. Neben der eher kargen Landwirtschaft haben sich die Menschen hier oben schon früh mit der Herstellung von Textilien ihr Brot verdient. So entstanden die Zentren der Bekleidungsindustrie auf der Schwäbischen Alb: Albstadt mit seinen vielen Teilorten, Balingen, Hechingen oder auch Burladingen und Laichingen. Ein Maschinenbauer ganz besonderer Art befindet sich in Heidenheim an der Brenz. Turbinen für Wasser- und Windkraftanlagen verlassen die Fabrikationshallen dieser ostschwäbischen Ideenschmiede.

Ganz im Nordosten, gleich einem Abschluss der Schwäbischen Alb, bevor sie bei Ellwangen, dem katholischen Zentrum Ostschwabens, in die Fränkische Alb oder bei Nördlingen ins Ries übergeht, thront ein vom Barockarchitekten Balthasar Neumann geschaffenes Meisterwerk – Kloster Neresheim mit seiner atemberaubend schönen Abteikirche.

Wir wenden uns nun dem östlichen Tor Baden-Württembergs zu, der Donaustadt Ulm. Die ehemalige Reichsstadt, in der mit Schwörmontag und Fischerstechen noch viele Traditionen gepflegt werden, ist schon von weitem zu sehen. Kein Wunder bei dieser Kirche. Besitzt doch das Ulmer Münster den mit 161 Metern höchsten Kirchturm der Welt. Und auf dem First des Gotteshauses sitzt ein kupferner Spatz, das inoffizielle Wappentier der Stadt. Der Sage nach brachten die Ulmer einen Holzbalken, der fürs Münster bestimmt war, nur deshalb durch das Stadttor, weil sie einen Spatzen mit einem Strohhalm im Schnabel beobachtet hatten. Dieser zog den Halm längs durch eine Engstelle, anders als die Ulmer es mit ihrem Balken versucht hatten. Seither nennen sich die Ulmer »Spatzen«.

Südlich von Ulm, zwischen Donau und Iller, öffnet sich die weite und fruchtbare Fläche Oberschwabens. Hügelig, manchmal aber auch bergig, wie beim Bussen oder am Höchsten, erstreckt sich diese Landschaft bis zum Bodensee. Sie ist gespickt mit kleinen Herrschaftssitzen, großen Klöstern und ehemaligen Reichsstädten. Obermarchtal, Ochsenhausen, Weingarten mit Deutschlands größter Barockbasilika, Steinhausen mit der »schönsten Dorfkirche der Welt« von Dominikus Zimmermann sind Stationen der oberschwäbischen Barockstraße. Biberach an der Riß, Ravensburg und Pfullendorf zeugen mit ihren »reichen« Altstädten von ihrer reichsstädtischen Vergangenheit. Buchau, Schussenried, Saulgau, Waldsee und Wurzach, alle mit der Auszeichnung »Bad« versehen, sind hübsche Kur- und Erholungsorte. Reich ist diese Landschaft an ergiebigen Äckern, an tier- und pflanzenreichen Seen- und Moorgebieten und auch an kirchlichen und weltlichen Festen. Hier versteht man zu feiern. Das Rutenfest in Ravensburg und das Schützenfest in Biberach künden vom bürgerlichen Selbstverständnis der Städter, der Heilig-Blut-Ritt in Weingarten ist Ausdruck tiefster Frömmigkeit und der Verbundenheit mit dem katholischen Glauben.

Ganz im Südosten des Landes liegt die Moränen- und Drumlinlandschaft des württembergischen Allgäus. Die Städte Leutkirch, Wangen, Isny und Kißlegg sind die wichtigsten Orte dieses bergigen und seenreichen Gebietes. Hier ist auch der »Milchkuhstall« des Landes. Und im östlichsten Zipfel erhebt sich Württembergs höchster Punkt: der Schwarze Grat mit seinen 1118 Metern über dem Meer.

Nicht über dem »Schwäbischen Meer«, da wären es nur 723 Meter. Doch jetzt heisst es aufpassen. Ob der Bodensee nun das schwäbische, badische, bayerische, vorarlbergische oder schweizerische Meer ist, soll hier nicht entschieden werden. Eines steht jedoch fest: Der Bodensee ist mit 571 Quadratkilometern der drittgrößte See Europas und das größte Binnengewässer Deutschlands, Baden-Württembergs sowieso. Und sehr, sehr tief. 254 Meter meldet der Tiefenmesser. Ein manchmal geradezu mediterranes Klima lässt allerhand wachsen und blühen. Die Uferhänge des Sees sind mit Obstbäumen und Weinstöcken bestanden. Kurioserweise wachsen am bayerischen Ufer bei Wasserburg württembergische Weine. Die Klosterinsel Reichenau im Untersee ist ein Gemüseparadies, die Insel Mainau im Überlinger See ein Blumenparadies. Auf dem See gibt es die verschiedensten Fortbewegungsmittel: viele Segel- und Motorboote, Passagierschiffe, Autofähren zwischen Meersburg und Konstanz sowie von Friedrichshafen in die Schweiz, wo früher auch Eisenbahnwaggons trajektiert wurden. Wer ganz großes Glück hat, der sieht den neuen Zeppelin NT über dem Bodensee.

Natürlicherweise haben sich die Menschen direkt am See niedergelassen. Radolfzell und Überlingen, Meersburg und Friedrichshafen, Städte mit schönen Uferpromenaden und Anschluss an die Schiffe der Weißen Flotte. Einst mächtige Bischofsstadt und Ort mittelalterlicher Konzile, ist Konstanz heute Dreh- und

Angelpunkt des Bodensee-Tourismus. Malerische Altstadthäuser, der eindrucksvolle Münsterbau und die Hafenfigur »Imperia« sind die markantesten Punkte der Stadt. Honoré de Balzac beschreibt die Kurtisane Imperia als Königin des Konstanzer Konzils; die riesige Plastik von Peter Lenk dreht sich um sich selbst und hält Kaiser und Papst in der Waage. Konstanz hat auch eine junge Universität und ist wichtiger Grenzort zur Schweiz. Wir sind jetzt übrigens im Badischen.

Der Rhein, der bei Bregenz in den Bodensee mündet, verlässt ihn hier wieder, fließt weiter durch den Untersee und bei Stein noch einmal in die Schweiz. Nördlich davon, rund um Singen, erheben sich die Kegel einer urzeitlichen Landschaft. Es sind die Vulkane des Hegaus: Hohentwiel, Hohenkrähen, Hohenstoffeln und Hohenhewen. Ihre Gipfel sind von ausgedehnten Burg- und Festungsruinen bekrönt. In diesem Landstrich befindet sich auch die Aachquelle, die das versickerte Wasser der oberen Donau wieder hervorbringt.

Zurück zum Rhein. Kurz hinter Schaffhausen berührt er wieder baden-württembergischen Boden und bildet, von kleinen Ausnahmen abgesehen, bis Mannheim die natürliche Grenze des Landes. Er fließt durch den Klettgau, vorbei am Hotzenwald mit seinem Hauptort Waldshut-Tiengen, unterquert die malerische Holzbrücke bei der altehrwürdigen Stadt Bad Säckingen, passiert die ausgedehnten Anlagen der chemischen Industrie bei Rheinfelden und Grenzach-Whylen, macht endlich beim schweizerischen Basel, das mit seinen badischen Nachbarn Weil und Lörrach zusammengewachsen ist, eine scharfe Rechtskurve und strömt ab hier gen Norden.

Wir allerdings erklimmen jetzt die Höhen des Schwarzwalds, denn im Landkreis Breisgau-Hochschwarzwald ist er, wie der Name schon sagt, besonders hoch. Der Feldberg mit 1493, das Herzogenhorn mit 1415 und der Belchen mit 1414 Metern – sie bilden das Dach des Landes. Da pfeift einem der Wind um die Ohren, auch im Sommer. Und trotzdem oder gerade deswegen ziehen diese Gipfel Scharen von Besuchern an. Und wie weit kann der Blick des Betrachters schweifen! Im Westen Freiburg, der Rhein und die Vogesen, im Süden die Schweiz mit meist schneebedeckten Bergmassiven, im Norden die schier unendlichen Höhenzüge des Schwarzwaldes. Und im Osten, da steigt die Landschaft langsam hinab zur Baar. Schluchsee und Titisee liegen ruhig eingebettet zwischen den Berghöhen. Todtnau und Hinterzarten sind wichtige Wintersportzentren. Hier fliegen die »Adler vom Schwarzwald«, wie die Skisprung-Nationalmannschaft auch genannt wird. Von Titisee-Neustadt aus führen Straße und Schiene hinab nach Freiburg im Breisgau, der Hauptstadt Südbadens. Und dieser Weg hat es in sich, heißt nicht umsonst Höllental. Fast senkrechte Felswände rücken hier so nah zusammen, dass sich Bahn- und Autoverkehr stapeln müssen. Da passt nichts mehr dazwischen. Das Tal ist so eng, dass ein Hirsch darüber springen könnte. So heißt denn auch ein markanter Punkt Hirschsprung. Düster und dunkel ist es, wie in der Hölle.

Doch dann öffnet sich die Schlucht, gibt den Blick frei auf eine malerische Landschaft. Kirchzarten ist erreicht und gleich darauf Freiburg, die Perle an der Dreisam, alte Zähringer-Stadt, Sitz eines katholischen Erzbischofs. Und der hat seinen Stuhl in einer der wundervollsten gotischen Kirchen, die je gebaut wurden. »Schönster Turm der Christenheit«, so wird der Kirchturm des Freiburger Münsters, seiner achteckigen Haube wegen, genannt. Am Fuß des Gotteshauses treffen sich die Bauern und Gärtner des Breisgaus, des Markgräflerlandes und der Schwarzwaldtäler und bieten ihr Obst und Gemüse, ihre Kräuter und Tees zum Verkauf. Ein buntes Treiben herrscht hier auf dem Marktplatz. Viele Studenten lassen sich vom Flair dieser berühmten Universitätsstadt gefangen nehmen. Auch sonst ist sie ein Ort, an dem es sich bei sonnig südlichem Klima gut leben lässt.

Wir gehen wieder zurück über den Schwarzwaldkamm an seine östlichen Flanken. Da gibt es mitten in der Baar eine Donauquelle, die gar keine ist. In einem kreisrunden Topf soll der zweitlängste Fluss Europas aus der Erde strömen – in Wahrheit kommen die Quellflüsse der Donau, Brigach und Breg, aus dem Schwarzwald. Dieses Kuriosum befindet sich in Donaueschingen, der früheren Residenzstadt der Fürsten von Fürstenberg. Von hier aus folgen wir der badischen Schwarzwaldbahn, die Offenburg mit dem Bodensee verbindet, über Villingen und Sankt Georgen nach Triberg. Hier hat man im 19. Jahrhundert ein System von Schleifen und Kehrtunnels angelegt, damit sich die Züge aus dem Rheintal auf die Schwarzwaldhöhen heraufschrauben konnten. Eine topografisch günstigere Variante hätte über württembergisches Gebiet geführt – damals ein Ding der Unmöglichkeit. Noch heute ist dieser »badische Gotthard« in Dienst und wird von vielen Zügen befahren. Triberg ist auch die Stadt der Kuckucksuhren und der romantischen Wasserfälle.

Wir steigen wieder hinab in die Rheinebene. Der nördliche Breisgau, der Tuniberg und der Kaiserstuhl breiten sich vor uns aus. Hier wachsen auf flurbereinigten Terrassen kräftige, »von der Sonne verwöhnte« Weine. Im Westen, direkt am Rhein, liegt Breisach. Hoch über der Stadt thront das Münster Sankt Stephan, ausgestattet mit feinsten Kunstwerken der Spätgotik. Zentraler Ort im nördlichen Breisgau ist Emmendingen, einst Sitz der Markgrafen von Hochberg. Heute befindet sich in dieser schmucken Kleinstadt auch das Deutsche Tagebucharchiv. Hier werden die persönlichen Notizen von jedermann gesammelt. Nördlich des Kaiserstuhls beginnt auch schon die Ortenau, deren Hauptort Offenburg ist. Rheinebene, Weinberge an den Westhängen des Schwarzwaldes und waldreiche Höhenzüge – diese Landschaft hat viele Gesichter. Hier befindet sich der Europapark Rust, entstanden aus einem alteingesessenen Achterbahn- und Karussellbauunternehmen. Das Freizeit- und Erlebnisland ist mit seinen Attraktionen ständig auf der Höhe der Zeit und lockt damit jährlich über drei Millionen Besucher durch seine Pforten. Bei Kehl überquert die berühmte Europabrücke den Rhein, verbindet Deutschland mit Frankreich, steht für Völkerverständigung und Freundschaft. Bühl, bekannt durch seine Zwetschgen, Achern, am Fuß der Hornisgrinde, der höchsten Erhebung im Nordschwarzwald, und Lahr, Mekka der Chrysanthemenfreunde – Städte dieser Landschaft. Durchs Kinzigtal, vorbei an den malerischen Orten Gengenbach, Haslach und Hausach, verlassen wir die Ortenau. Bei Hausach sind Museumsstücke ganz besonderer Art ausgestellt. Im Freilichtmuseum Vogtsbauernhof stehen, so könnte man sagen, Häuser »in den Vitrinen«. Hier finden sich die typischen Schwarzwaldhöfe mit ihren großen schindel- oder strohgedeckten Dächern. Und dazu noch eine ganze Menge Einrichtungsgegenstände und Gerätschaften. In diesem und den vielen anderen Freilichtmuseen des Landes erfährt man viel über Bräuche und Lebensweise der Vorfahren.

Weiter kinzigaufwärts. Alpirsbach, berühmter Klosterort, wo noch heute mit Hilfe monastischer Brautradition wohlschmeckender Gerstensaft hergestellt wird. Freudenstadt, Planstadt der Renaissance. Herzog Friedrich I. von Württemberg hatte hier 1599 eine Siedlung »aus wilder Wurzel« gegründet. Sein Baumeister Heinrich Schickhardt gestaltete die Stadt um einen quadratischen Marktplatz herum. In Baiersbronn, nur ein paar Kilometer von Freudenstadt entfernt und schon im Murgtal, kochen gleich drei »Sterneköche« um die Wette und die Gunst der Gourmets. Filet vom Bodenseefelchen an Kurpfälzer Spargel mit württembergischem Kerner, Schweinernes der Hohenlohe mit oberschwäbischen Knöpfle und zollerischem Bier, danach eine nordbadische Zigarre und Schwarzwälder Kirsch – so könnte doch ein all-baden-württembergisches Menü aussehen!

Über Klosterreichenbach und Forbach folgen wir der Murg hinunter bis zum hübschen Städtchen Gernsbach. Von hier aus ist es nur ein kurzes Stück nach Westen, und schon stehen wir im Tal der Oos im Badeort schlechthin – Baden-Baden. Kurhalle, Spielkasino, prachtvolle Hotels und Thermalbäder, eine umwerfend moderne Festspielhalle, vor den Toren der Stadt gar eine international bekannte Pferderennbahn in Iffezheim. Was begehrt das Kurgästeherz mehr? Baden-Baden ist auch ein wichtiger Medienstandort mit Fernseh- und Hörfunkstudios, Verlagen, Unternehmen der Medienforschung, Web-Hostern und der Europäischen Medien- und Event-Akademie. Auch wieder nur ein kleines Stück weiter, diesmal nach Norden, und wir sind im »badischen Versailles«. Hier in Rastatt hatte Markgraf Ludwig Wilhelm I., auch »Türkenlouis« genannt, seinen Traum vom absolutistischen Wohnen verwirklicht. Das stattliche Schloss bildet das Zentrum der Stadt. Heute beherbergt es neben einem wehrgeschichtlichen Museum die Erinnerungsstätte für die Freiheitsbewegungen in der deutschen Geschichte.

Ein letztes Mal queren wir den Schwarzwald, hier allerdings seine nördlichen Ausläufer. Wir kommen durch den Pfinzgau und steuern auf die Schmuckstadt Pforzheim zu. Am 23. Februar 1945 legte ein alliierter Bombenangriff innerhalb von 20 Minuten die gesamte Innenstadt in Trümmer; annähernd 20 000 Menschen fanden dabei den Tod. Nach dem Ende des Zweiten Weltkriegs wurde die Stadt modern wiederaufgebaut; heute hat sie 120 000 Einwohner. Ein kurzer Ausflug das Nagoldtal hinauf führt uns zur Klosterruine Hirsau bei Calw. Hier stand einst eine der größten Abteien des deutschen Raumes, erbaut aus rotem Sandstein, eingebettet in dunkle, tiefe Nadelwälder. Die Grundmauern und Überreste dieses für den süddeutschen Raum bedeutenden Klosters legen beredtes Zeugnis von der einstigen Größe ab. Heute wird in den Gemäuern Theater gespielt, locken Konzerte bei Fackelschein viele Gäste.

Auch Calw selbst ist sehenswert. Calwer Tuchmacher und Färber lieferten ihre Erzeugnisse früher in die halbe Welt. Die waldreiche Lage am Fluss verhalf dem Holzhandel zur Blüte, und die »Calwer Salzhandelscompagnie« besaß das Salzmonopol in Württemberg. In diesem Landstädtchen ist Hermann Hesse geboren und aufgewachsen, Literaturnobelpreisträger und der meistgelesene deutschsprachige Schriftsteller des 20. Jahrhunderts.

Wir betreten nun die weite und wellige Landschaft des Kraichgaus. Hier war immer schon ein Drehkreuz des internationalen Verkehrs. Römische Straßen, mittelalterliche Handelswege, Bahnstrecken und Autobahnen führten und führen hier hindurch. Als Kompassnadel des Gebietes dient die Steinsburg bei Sinsheim. Ihr hoch aufragender Bergfried ist von fast überall her zu sehen. Nicht weit entfernt von Bretten, der Geburtsstadt des Humanisten Philipp Melanchthon, und Mühlacker, der Senderstadt, befindet sich das ehemalige Zisterzienserkloster Maulbronn, das die UNESCO zum Weltkulturerbe erklärt hat. Nur noch die Klosterinsel Reichenau im Bodensee wurde in Baden-Württemberg bisher mit dieser Auszeichnung bedacht. In fast unverändertem Zustand erhalten, erzählt Maulbronn vom Auf und Ab klösterlicher Geschichte in Deutschland.

Und dann wieder und nun zum letzten Mal gen Westen zum Rheintal. Hier empfängt uns die Spargel- und Residenzstadt Bruchsal. Die Fürstbischöfe aus dem linksrheinischen Speyer hatten hier ihre Ländereien und schufen sich in dieser Stadt eine repräsentative Barockwohnstatt.

Unsere Reise geht nun zu Ende und kommt gleichzeitig zu einem abschließenden Höhepunkt. Die Stadt, die nun beschrieben werden soll, beeindruckt aus der Luft betrachtet durch ihre sternförmige Anlage. Sie war Residenzort der badischen Markgrafen, sie war Hauptstadt des Großherzogtums Baden – sie ist Sitz des Bundesverfassungsgerichts und des Bundesgerichtshofes, sie ist kulturelles und wirtschaftliches Zentrum ganz Nordbadens, hier sind Hochschulen und international renommierte Forschungsinstitute angesiedelt, hier ist einer der größten Binnenhäfen Deutschlands, hier wird mit Rohöl, das im Hafen von Genua gelöscht wird, Benzin und Dieselkraftstoff hergestellt ... Das ist Karlsruhe, die Fächerstadt. Vom Schloss aus führen die Straßen und Wege hinaus in alle Himmelsrichtungen, sie sollten es mit allen Teilen der ehemaligen Markgrafschaft verbinden. Vielleicht müsste man einen der Wege, die in südöstlicher Richtung führen, einfach verlängern. Mit Sicherheit würde dann eine kerzengerade Verbindung, ohne Umweg, genau nach Stuttgart führen. Das wäre dann eine weitere direkte Verbindung zwischen den beiden Zentren des Landes, des Landes Baden-Württemberg.

Geschichte

Dieses Land wurde erst 1952 gegründet. Das ist, verglichen mit der Vergangenheit des südwestdeutschen Raumes, ein ausgesprochen kurzer Zeitabschnitt. Führt man sich jedoch vor Augen, dass es in der Geschichte der Menschheit nicht allzu oft lange Phasen des friedlichen Zusammenlebens, des wachsenden Wohlstands, des erfolgreichen wirtschaftlichen Zusammenwirkens aller Kräfte gab, so sind diese vergangenen 50 Jahre des Landes Baden-Württemberg eine Erfolgsgeschichte sondergleichen.

Wie kommt diese Vielfalt an Dialekten, Lebensarten und Menschen zustande? Wer und was hat diese unterschiedlichen Territorien zusammengebracht?

Am Großen Landeswappen Baden-Württembergs lässt sich ein Teil der geschichtlichen Entwicklung ablesen: Ein großer goldener Hirsch hält zusammen mit einem goldenen Greifen eine Wappentafel, auf der drei schreitende schwarze Löwen mit roten Zungen abgebildet sind. Über dem Löwenwappen sind in einem Kronreif sechs kleine Schilde zu sehen, die mit verschiedenen heraldischen Motiven versehen sind.

Der Hirsch und das Fabeltier Greif stehen für die beiden Landesteile Württemberg und Baden. Im Schild mit den drei staufischen Löwen lebt das mittelalterliche Herzogtum Schwaben fort und verweist auf eine Zeit, als der Südwesten Deutschlands von den Staufern beherrscht wurde. Die Schilde des Kronreifs werden in der Mitte von zwei größer dargestellten Wappen überragt: dem Badens und seines Herrscherhauses – roter Schrägbalken auf goldenem Grund – und dem Württembergs – drei Hirschstangen auf goldenem Feld. Diese beiden Gebiete sind Namensgeber und prägen das heutige Bundesland Baden-Würtemberg. Das schwarzweiß gevierte Wappen steht für Hohenzollern, das Land zwischen Hechingen und Sigmaringen, der silberne fränkische

»Rechen« auf rotem Grund vertritt das einstige Herzogtum Ostfranken, dessen Spuren in der Landschaft Hohenlohe zu finden sind. Neben dem württembergischen Wappen befindet sich der kurpfälzische Schild – zu sehen ist ein rotbekrönter goldener Staufer-Löwe auf schwarzem Feld, der das Land am unteren Neckar bei Mannheim und Heidelberg beherrschte. Das rot-silbern-rote Bindenschild Österreichs repräsentiert die ehemaligen habsburgischen Gebiete Vorderösterreichs im Breisgau, am oberen Neckar, an der Donau, in Oberschwaben und im Westallgäu. So bringt das Große Landeswappen einerseits die neue Einheit – Hirsch und Greif halten das Wappen gemeinsam –, andererseits die alte territoriale Vielfalt des Landes zum Ausdruck.

Die Geschichte, die uns dieses Wappen erzählt, ist jedoch nur ein Teil der Vergangenheit des Südwestens. Die ältesten Spuren menschlicher Existenz im Land finden sich in Mauer an der Elsenz, nahe bei Heidelberg, und in Steinheim an der Murr. Die Kiefer- und Schädelknochen des Homo heidelbergensis und des Homo steinheimensis stellen die ältesten menschlichen Überreste in Mitteleuropa dar. Diese Urmenschen lebten vor etwa 600 000 beziehungsweise 250 000 Jahren. Mit den Menschen kamen auch deren Kunstwerke und Gebrauchsgegenstände. In der Vogelherdhöhle bei Stetten im Lonetal, am Geißenklösterle im Achtal bei Blaubeuren und an anderen Orten im Land wurden steinzeitliche Tier- und Menschendarstellungen entdeckt. Fein gearbeitete Figürchen sind das – Mammut, Wildpferd, Höhlenlöwe. Aber auch menschliche Gestalten – figürlich oder in Stein geritzt – sind uns erhalten geblieben. Diese künstlerischen Arbeiten sind bis zu 30 000 Jahre alt und gelten als die ältesten Kunstwerke der Menschheit. Spuren von vorgeschichtlichen Pfahlbauten finden sich am Bodensee, am Federsee und in den anderen oberschwäbischen Moorgebieten. In Unteruhldingen wurde eines dieser Pfahlbaudörfer rekonstruiert und als Museum eingerichtet. Viele Schulklassen und Reisegruppen besuchen diesen Ort, an dem Vor- und Frühgeschichte hautnah erlebbar ist.

Heuneburg, Hohmichele, Hochdorf – diese Stätten stehen stellvertretend für die Zeit der Kelten im baden-württembergischen Raum. Sie siedelten seit dem 1. Jahrtausend vor Christus im westlichen Mitteleuropa. Noch heute erinnern zahlreiche Ortsnamen, die meisten Gewässernamen und viele Bergbezeichnungen in Baden-Württemberg an die fast tausendjährige keltische Zeit. Neckar und Rems, Istein und Kandern, Belchen und Blauen – das sind nur einige Namen, die ihren Ursprung in der keltischen Sprache haben. In Hochdorf wurde in den Jahren 1978/79 ein mit sensationellen Kunstwerken bestücktes Fürstengrab entdeckt. Die Archäologen stießen auf prunkvoll verzierte Waffen und Gerätschaften, wertvollen Goldschmuck und die Gebeine eines keltischen Adeligen. Die Funde sind heute in Stuttgart und Hochdorf zu bestaunen. Der Hohmichele gilt als einer der größten keltischen Grabhügel und befindet sich unweit von Hundersingen an der Donau. Nah beim Hohmichele erstreckt sich die jüngst zum Teil rekonstruierte keltische Höhenfestung Heuneburg. Ein Abschnitt der ursprünglichen Umfassungsmauer und verschiedene Gebäude künden von der Hoch-Zeit der Kelten im 6. und 5. Jahrhundert vor Christus.

Weite Teile Baden-Württembergs sind durch die Römer geprägt, die hier vom 1. bis zum 3. Jahrhundert nach Christus herrschten. Reste des Limes, einst römischer Grenzwall gegen die Germanen, sind quer durchs ganze Land verstreut. An vielen Orten befinden sich ausgegrabene und manchmal auch wieder aufgebaute Kastelle, Badeanlagen und Wachtürme. Von Osterburken über Murrhardt, Welzheim und Lorch bis nach Aalen, überall zeigen Museen die Stationen römischer Geschichte im Land. Aber auch die wichtigen früheren Provinzstädte, wie Ladenburg, Rottenburg, Rottweil, Baden-Baden und Pforzheim, präsentieren ihre antike Vergangenheit in modernen Ausstellungen und Museen. Überbleibsel zahlreicher villae rusticae, römischer Gutshöfe, manche davon rekonstruiert wie in Stein bei Hechingen, gibt es im gesamten Südwesten.

Die Herrschaft der Römer wurde durch verschiedene Vorstöße germanischer Stämme und Verbände, allen voran die Alamannen, im Lauf des 3. Jahrhunderts nach Christus beendet. Die Siedlungstätigkeit dieser Alamannen, was wahrscheinlich »alle Menschen, alle Männer insgesamt« heißt, lässt sich heute noch gut an den vielen Ortsnamen mit der Endung -ingen ablesen. Die Bewohner einer Siedlung nannten ihren Ort gerne nach einem wichtigen Sippenmitglied. Aus der Bezeichnung: »Wir wohnen bei den Leuten des ...« entstanden dann diese -ingen-Orte. In Breisach am Rhein, auf dem Runden Berg bei Bad Urach und in der Nähe von Lauchheim im Ostalbkreis, überall im Land lassen sich Spuren dieser Alamannen ausfindig machen. Und sie sind namensgebend bis auf den heutigen Tag. Nicht nur, dass unsere französischen Nachbarn die Deutschen als »les allemands« bezeichnen, nein, auch den Dialekt, der in Südbaden, im Elsass, in der Nordschweiz und in Vorarlberg gesprochen wird, nennen wir seit Johann Peter Hebel, dem badischen Dichter, »alemannisch«.

Ein anderer aufstrebender Stammesverband, die Franken, eignete sich im Lauf des frühen Mittelalters die Herrschaft über den gesamten südwestdeutschen Raum an. Alamannien wandelte sich zum Herzogtum und bekam später den Namen »Schwaben«. Das Land wurde unter den Franken ab dem 6. und 7. Jahrhundert christianisiert, irische Mönche leisteten dazu den bedeutendsten Anteil. Der Mönch Pirmin ist eng mit der Klosterinsel Reichenau im Bodensee verbunden, Fridolin mit Bad Säckingen am Hochrhein, Landelin mit der Ortenau und der Sankt Trudpert mit dem gleichnamigen Ort im Schwarzwald. Überall entstanden Klöster und andere kirchliche Zentren, die das Land siedlungspolitisch, wirtschaftlich sowie kulturell beeinflussten und umformten.

Das schwäbische Herzogtum, das sich im 10. und 12. Jahrhundert über den gesamten Süden Baden-Württembergs, das Elsass, große Teile der Nordost-Schweiz, Vorarlberg und das heutige Bayerisch-Schwaben erstreckte, wurde von mächtigen Geschlechtern beherrscht. Staufer, Welfen und Zähringer – Adelsfamilien, die die Geschichte des Landes maßgeblich geprägt haben, die sich ständig bekämpften und deren Wirken im hohen Mittelalter bis heute sichtbar ist. Sie gründeten zahlreiche Städte: Villingen im Schwarzwald, Freiburg im Breisgau und Rottweil am Neckar gehen zurück auf die Zähringer, deren Nachkommen die Markgrafen von Baden sind; Waiblingen, Schorndorf, Bad Wimpfen und Ulm waren Hauptorte staufischer Machtausübung; die Welfen hatten ihr Herrschaftszentrum bei Ravensburg und Weingarten.

Unzählige Burgen und Schlösser, Kirchen und Klöster, die man in Baden-Württemberg heute bewundern kann, sind damals entstanden, haben ihre Wurzeln in dieser Zeit. Die Staufer, später deutsche Könige und römische Kaiser, setzten sich gegen ihre Konkurrenten durch und waren am Anfang des 13. Jahrhunderts auf dem Höhepunkt ihrer Machtentfaltung angelangt. Mit ihrem Untergang 1268 verschwand auch das Herzogtum Schwaben.

In die entstandene Machtlücke stießen andere Adelsgeschlechter, die fortan die Geschicke bestimmten und die Gestalt des Landes durch die territoriale Aufsplitterung in einen Flickenteppich verwandelten. Versuche, ein einheitliches Herzogtum im Südwesten wiederaufzurichten, scheiterten. Hier begegnen uns nun die Herrscherhäuser des Landeswappens wieder: Habsburg, Kurpfalz, Hohenzollern, Hohenlohe, Baden und Württemberg waren für die nächsten Jahrhunderte die bestimmenden Kräfte, prägten das Gesicht des Landes. Dazwischen tummelten sich unzählige geistliche, reichsstädtische und sonstige herrschaftliche Gebiete. Ein Wirrwarr an Zugehörigkeiten und Abhängigkeiten war entstanden, das, verstärkt durch religiöse Gegensätze seit der Reformation und die Wirren und Neuaufteilungen des Dreißigjährigen Krieges, eine einheitliche Entwicklung des Landes be- und verhinderte. Diese südwestdeutsche Kleinstaatenwelt brachte aber gerade durch die Konkurrenzsituation der vielen verschiedenen Potentaten ein buntes Mosaik der Kulturen hervor. Die vielen Territorien traten nämlich neben dem machtpolitischen auch in einen wirtschaftlichen und kulturellen Wettbewerb, dem wir noch heute architektonische und künstlerische Meisterwerke verdanken. Berühmte Baumeister und Bildhauer, Maler und Musiker, Dichter und Denker aus aller Herren Länder waren an den Höfen begehrt und hinterließen im ganzen Land eine unübertroffene Vielfalt an Kunstwerken, literarischen Denkmälern, wissenschaftlichen und musikalischen Meisterleistungen.

Die Wirren der Französischen Revolution und die Neuordnung Mitteleuropas durch den Eroberer Napoleon zu Beginn des 19. Jahrhunderts beendete das zersplitterte Dasein Südwestdeutschlands. Säkularisation und Mediatisierung ließen ein von drei großen Territorien geprägtes Land entstehen – es waren dies das Königreich Württemberg mit seiner Hauptstadt Stuttgart, das Großherzogtum Baden mit Karlsruhe als Zentrum und die Fürstentümer Hohenzollern, bestehend aus Hohenzollern-Hechingen und Hohenzollern-Sigmaringen. Alle übrigen Herrschaften, ob geistliche, ob weltliche, waren in die drei neu entstandenen Gebiete aufgegangen. Das hessische Bad Wimpfen bildete eine Ausnahme. Kurpfälzer waren plötzlich badisch, Oberschwaben und Hohenloher württembergisch. Nur Hohenzollern hatte, dank der persönlichen Beziehungen seines Fürstenhauses zu Napoleon, seine Unabhängigkeit bewahrt. Aufgeschreckt durch die Revolutionswirren von 1848/49 verzichteten seine Fürsten auf ihre Souveränität und übergaben das Land ihren preußischen Verwandten. So blieb Hohenzollern bis 1945 als Regierungsbezirk Sigmaringen in Preußens Hand.

Baden und Württemberg behielten auch nach Napoleons Sturz 1815 ihre neuen Grenzen bei und schlossen sich als selbstständige Mitglieder dem Deutschen Bund an. Die Leibeigenschaft war in Baden schon 1783 unter Markgraf Karl Friedrich abgeschafft worden, was der Markgrafschaft den Titel eines »Musterländles« einbrachte. Allerdings hatte man diesen Weg in den vorderösterreichischen Gebieten schon zwei Jahre zuvor beschritten. Das Königreich Württemberg zog erst im Jahr 1817 nach, die hohenzollerischen Fürstentümer gar erst 1833 in Sigmaringen und 1849 in Hechingen. Die Revolution 1848/49, die aus Frankreich in den deutschen Südwesten, insbesondere nach Baden herüberschwappte, brachte vorerst nicht die eingeforderten Rechte nach mehr Freiheit und Mitbestimmung. Die Aufständischen wurden mit Hilfe des Militärs – auch preußische und bayerische Truppen kamen zum Einsatz – besiegt und hart bestraft.

Württemberg und Baden wurden nach der Reichsgründung 1871 als eigenständige Staaten in das Deutsche Reich eingegliedert. Die Niederlage im Ersten Weltkrieg führte zu einer vollkommenen Neugestaltung des Deutschen Reiches. Es wurde zu einem freiheitlich-demokratischen Staat, der Weimarer Republik. Die bisherigen Monarchien und Fürstentümer wurden in Länder umgewandelt und stärker ins Deutsche Reich eingegliedert. In diesem föderalistischen System nannte sich Württemberg nun »freier Volksstaat«, Baden wurde zur »demokratischen Republik«. Schon in dieser Zeit gab es die ersten Versuche, einen einheitlichen Südweststaat zu schaffen, was jedoch misslang. Diese freiheitlich-demokratische Zeit währte jedoch nur wenige Jahre. Mit der »Machtergreifung« der Nationalsozialisten änderte sich auch bald die staatliche Struktur des Südwestens. Zwar blieben die Ländergrenzen zunächst unverändert, die Landtage wurden jedoch abgeschafft und die Landesregierungen zu Außenstellen der Reichsregierung in Berlin degradiert. Es entstanden die Gaue Baden und Württemberg-Hohenzollern.

Die Herrschaft der Nationalsozialisten brachte in nur wenigen Jahren Grauen und Zerstörung über das ganze Land. Die jüdische Kultur im Südwesten wurde nahezu ausgelöscht, die jüdischen Einwohner deportiert und getötet. Andersdenkenden, Minderheiten und Behinderten wurde das gleiche Schicksal bereitet. Die Auswirkungen des Krieges ließen zerbombte Städte und gebrochene Menschen zurück.

Nach Ende des Zweiten Weltkrieges und der Beseitigung der nationalsozialistischen Gewaltherrschaft wurde der Südwesten unter den Besatzungsmächten Frankreich und Vereinigte Staaten von Amerika aufgeteilt. Die Grenze bildete die ehemalige Reichsautobahn von Karlsruhe über Stuttgart nach Ulm. Auf französischer Seite entstanden die Verwaltungseinheiten Baden mit Freiburg als Hauptstadt und Südwürttemberg-Hohenzollern mit dem Zentrum Tübingen, auf amerikanischer Seite wurde das Land Württemberg-Baden geformt. Karlsruhe verlor seinen Rang als Hauptstadt Badens und fungierte neben der Kapitale Stuttgart als Landesdirektion. Nun begannen heftige Anstrengungen, die drei Länder zu einem einheitlichen Südweststaat zusammenzuführen. Nur das Land Baden sträubte sich gegen ein solches Ansinnen, wollte man doch dort die alten Grenzen des Großherzogtums wieder aufrichten und als eigenständiges Land im Südwesten existieren. Die Gründung der Bundesrepublik Deutschland beschleunigte jedoch den Zusammenschluss der südwestdeutschen Teilgebiete. Eine 1951 durchgeführte Volksabstimmung in den vier Teilbereichen Nordbaden, Nordwürttemberg, Land Baden und Württemberg-Hohenzollern ergab eine Mehrheit für einen neu zu gestaltenden Südweststaat. So konnte Reinhold Maier am 25. April 1952 auf der Verfassunggebenden Landesversammlung in Stuttgart die Geburt des neuen Bundeslandes Baden-Württemberg verkünden.

Da bei der Volksabstimmung 1951 ein Verfahren gewählt wurde, das Baden nicht als Ganzes berücksichtigte, sondern es in Nord- und Südbaden aufteilte, in ganz Baden zudem eine Mehrheit gegen den Südweststaat zustande gekommen wäre, verfügte das Bundesverfassungsgericht in Karlsruhe 1956, dass die Abstimmung in Baden wiederholt werden müsse. Dieser Volksentscheid wurde jahrelang verschleppt und erst 1970 durchgeführt. Er ergab jedoch einen überwältigenden Vertrauensbeweis dem Land Baden-Württemberg gegenüber. Badener, Hohenzollern und Württemberger leben heute relativ einträchtig in einem traditionsbewussten und zukunftsorientierten Land.

Baden-Württemberg

By Martin Klaus

Baden-Württemberg—the perfect little "model region", land of "own sweet home" builders. Terms of endearment for a many-faceted region, the inhabitants of which are both tradition-conscious and future-oriented. The landscape of South-west Germany is so diverse that it would be true to say it offers everything with the exception of desert, high mountains or a coastline.

And where do the people of the region dwell? They may live tucked away in tiny, remote hamlets in the uplands of the Black Forest, the Allgäu, and the Swabian Alb. Or they may inhabit one of the many smaller towns of the region in which the bustle of activity plays an important rôle in representing Baden-Württemberg as a region of culture and industry. And then there are the big densely populated metropolitan areas around Stuttgart, Mannheim and Karlsruhe, centres of attraction for all those involved in cultural activity of world repute, in international business, science and research, innovative technological development.

Baden-Württemberg thrives as a result of these very contrasts. Whether out in the village or in the heart of the metropolis you will find industrious and inventive minds at work. It is people such as these who are responsible for Baden-Württemberg's reputation as a machine and engine-building region. The range of products is vast—from gigantic ship engines to micro-mechanisms, from aeroplane turbines to industrial robots.

The above description, however, merely captures the geographical and economic aspects that illustrate Baden-Württemberg's great diversity. The latter is no less reflected in the inhabitants of the region themselves: the people of Württemberg, Hohenzollern, Baden, Upper Swabia, the Franks, the Palatinates, the Alemanni—they all have their idiosyncrasies, their own dialect, their very own way of life. Together their many different historical traditions offer the vast cultural diversity that is characteristic of the region of Baden-Württemberg.

A Journey through the Region

One of the most frequently visited places in Baden-Württemberg is the old Palatinate residential seat and university town of Heidelberg. A great number of songs sing the praise of this "Enchantress upon the Banks of the Neckar". Indeed, it is lent a romantic flair by its majestic castle ruins, its intact old town centre and its location nestled deep and snug in the Neckar Valley.

To the north of Heidelberg lies the countryside that represents one of the warmest areas of Germany. Here almond and magnolia trees, apricot and peach trees blossom and thrive. This is where the mountain route "Bergstraße" snuggles into the western slopes of the Odenwald running from Weinheim towards Hessen.

Only a few kilometres away, where the Neckar and the Rhine meet, lies the city of Mannheim. A distinguishing feature of this city is its old town centre, which was planned at the drawing board at the beginning of the 18th Century. Upon the western edge of the old town stands its Palatinate castle. Favourably situated on both Rhine and Neckar, and additionally well supplied with main roads, Mannheim has developed into one of Baden-Württemberg's largest metropolitan areas. Companies with international business—above all, the automobile and chemical-pharmaceutical industries—have established themselves in this trade-fair and congress city. Daily countless thousands of commuters come to work in this Rhine-Neckar metropolis.

In the surrounding region of the Palatinate lies the town of Schwetzingen, famous for its splendid and imaginative castle gardens and its castle concerts—but also on account of a special culinary delight: asparagus, which grows in endless strips upon the surrounding hillsides.

Yet let us now turn to face the east, looking up the Neckar towards the Odenwald. Here the river has dug itself deep into the wooded hillscape. At every bend in the river and high over the woods reign strongholds, mostly made of red sandstone. Some have fallen to ruin; others are still inhabited to today. Zwingenberg, Hornberg, Stolzeneck, Minneburg—they all stand in evidence of bygone times of sovereignty and unrest.

Soon you will reach Mosbach, the main town of the Neckar-Odenwald district. This picturesque little town possesses a good number of superb half-timbered buildings. Then, at the edge of the Odenwald lies Walldürn, a place of pilgrimage; or situated where the Tauber flows into the Main: Wertheim, with its lovely little old town centre and overlooking mighty castle ruins. The centre of the Main-Tauber district is Tauberbischofsheim with its extensive grounds belonging to the kurmainzische castle, and location of the national training centre for fencing (Bundesleistungszentrum des deutschen Fechtsports). All these places in the Tauber-Franconian region are certainly worth a visit.

If you follow the Tauber upstream you will soon arrive at the spa town of Bad Mergentheim, formerly the centre of the order the "Deutscher Orden". Characteristic of this town in the north of Baden-Württemberg are the huge grounds around the castle of the "Deutscher Orden", as well as its expansive resort park. Here lie the beginnings of the Tauber Valley which, well supplied with suitable paths, is a paradise for the cyclist on tour.

Not far from Bad Mergentheim lies Weikersheim, the former residential seat of the Dukes of Hohenlohe. The Renaissance castle here, with its gardens full of statues of dwarves, nymphs and other figures of fantasy, has yet to find its equal elsewhere in the country. And still a little further to the east, in the church Herrgottskirche in Creglingen, you will discover a very precious gem, the art of Gothic engraving to absolute perfection: the altar of the Virgin Mary made by Tilman Riemenschneider.

Now if you travel just a few kilometres on from here you will arrive in the little mediaeval town of Rothenburg ob der Tauber, which lies upon Bavarian soil.

Looking from Creglingen towards the south-west our gaze is met by the extensive Hohenlohe Plains: fields as far as the eye can see, solely interrupted by the rivers Jagst and Kocher that have dug their route deep into the land. The valleys are strung with one picturesque place after another—old monasteries, old churches, strongholds and castles to the left and to the right.

The former "salt town" of Schwäbisch Hall that lies to the south of the Hohenlohe region can be regarded as the centre of this landscape. Hall is famous for its open-air theatre upon the steps of the church Michaelskirche, its intact mediaeval town centre and its museum of art, the Kunstmuseum Würth; and not to forget, the imposing buildings of the former Benedictine monastery Groß-Comburg reigning high over the Kocher Valley.

Now, stretching out before us is the wide Neckar Valley, flanked by expansive vineyards. And right on the Neckar, the old Reich town of Heilbronn: port town of significance, bustling traffic junction, chief location for industry, centre for work, shopping and culture within the so-called "Unterland", or Lowerland.

And what has the surrounding area to offer? You will see Weinsberg, home of the poet Justinus Kerner, with its famous castle ruins Weibertreu; or, to the north, Bad Wimpfen, the old Stauferpfalz. To the west of Heilbronn lies the hilly countryside of Stromberg and Heuchelberg. The mountaintops are dense with woods in the darkest hues of green whereas the slopes are vine-clad as far as the eye can see. And south of Heilbronn lie three important centres of the area: the town of Lauffen, cradled by the Neckar, Besigheim with its lovely old part of town and Bietigheim-Bissingen, known for its grand railway viaduct that spans the Enz.

Yet let us follow the Neckar further upstream. Ludwigsburg is our next stop. And right away three castles announce a stunning display of Baroque splendour.

Today the town presents itself as an important educational centre possessing a film academy, a college of further education and a teacher training college.

Let us now cast a glance over the area surrounding Ludwigsburg. In a contemplative little town you will find the Schiller National Museum and the Archives of German Literature. The town in question is Marbach, birthplace of the famous dramatist Friedrich Schiller.

The Rems Valley is also one of the main axes of the wine culture of Württemberg: Here, indeed, small but wonderful inns and restaurants have survived, cosy little places where guests can enjoy specialities from both kitchens and cellars of the region.

Architectural delights are to be encountered if you follow the Rems upstream: Lorch Monastery, spiritual centre and burial place of the early Staufer, as well as Schwäbisch Gmünd. In this town, still known from former times as Silberstadt (or "silver town", on account of its silver jewellery trade), you can see Romanic and Late Gothic architectural works of art.

Crossing a hill-range you will find yourself in the historical town of Esslingen, situated on the Neckar and surrounded by extensive vine-clad slopes. Here, within its walls the oldest German champagne cellar is located, as well as the manufacturers of Germany's most popular make of vinegar. The town is characterised by its many mediaeval houses, its fine little cobble-stoned lanes and alleys and the oldest preserved church of the order of mendicant friars in existence in Germany.

The region of Stuttgart has approximately 1.5 million inhabitants, a third of who live directly at the centre of this agglomeration, in Stuttgart itself, capital of Baden-Württemberg, legislative seat and seat of the regional government. Here, everything is to be had: theatre, opera and the world-renowned Stuttgart Ballet; orchestras, concert halls and a college of music, an institute for writers and literature; castles, parks, lakes and the zoological-botanical gardens "Wilhelma", a great number of museums and galleries, as well as an academy of art, two state-owned universities, one private college and many other colleges of higher education; trade-fair facilities, several radio and television broadcasters, an international airport, docks on the Neckar, the best road and rail connections and, of course, the Stuttgart TV tower, the first of its kind and prototype for other TV towers world wide. In the city's sports stadiums and sports halls international competitions and tournaments take place for which reason Stuttgart would like to host the 2012 Olympic Games. Here the strongest mineral springs of Western Europe are located; here vineyards grow right down to the office buildings in the centre of town. But here, too, big companies and concerns in international business are also at home—manufacturers of automobiles, electronic components and machinery of all kinds. In addition one of the biggest festivals in Germany, the Cannstatt "Volksfest", takes place on the "Cannstatter Wasen".

To the west of Stuttgart two towns have conglomerated and provide a home base for big international companies: computer firms, producers of automobile technology, the machinery and engine industries and enterprises in the public service sector. Here many thousands of people have found jobs. The towns referred to here are Sindelfingen and Böblingen.

In the direction of Tübingen the wooded expanses of Schönbuch Natural Park stretch out, at its centre the Cistercian monastery of Bebenhausen. In its long history it was not only formerly the home of monks but once also served as a hunting lodge, a place of retirement for the king and as a legislative seat.

Tübingen is resplendent with its castle and undamaged old part of town, but above all, it is known for its legendary reputation as a student town. Many famous people have attended seminars or held lectures here, for example, the philosophers Hegel, Schelling and Bloch, the poets Hölderlin, Hauff and Uhland, the astronomer Johannes Kepler, the botanist Leonhart Fuchs, the chemist Adolf Butenand or the development biologist and Nobel Prize winner Christiane Nüsslein-Volhard. The university in Tübingen dates back to 1477 and it continues to attract students from all over the world—today approximately 20 thousand are enrolled here. In addition, according to a recent survey, Tübingen possesses the highest living standard in the whole of Germany.

However, let us now move on, following the Neckar along its upper course. Rottenburg, Horb, Sulz and Oberndorf lie below in the valley that is carved into the Heckengäu landscape. Not in the valley below but high above you will find the former Roman town of Rottweil, stronghold of the Swabian-Alemanni carnival known as "Fastnacht". Wearing either friendly or ghastly hand-carved masks and in colourful disguise, the fools of carnival, the "Narren", rave through the streets and alleys, attracting audiences and encouraging participants with their tomfoolery.

At some point south of the joint town of Villingen-Schwenningen in the moorland of the Schwenninger Moos, the main river of the region, the Neckar, has its source. And only a few kilometres further, near Donaueschingen, is the source of the Danube, the river arising where the Brigach and the Breg meet.

A little further south begins the landscape of the Swabian Alb—part of the big Jura Mountains that extend from the Rhone in France through Switzerland and Baden-Württemberg up to the Main in the Franconian part of Bavaria. Near Fridingen the land is already so high that the Danube has dug itself deep into the rock. At this point the river breaks through the Alb. We now find ourselves in the midst of the Upper Danube Natural Park where bizarre and rugged rock formations jut out of the wooded uplands. The Danube meanders through this mountainous region and despite the seepage at Immendingen and Fridingen continues its journey to the Black Sea. Underway, at Beuron Monastery, the river is enclosed by steeply falling slopes thus presenting us with an unforgettable view. From here the secondary chain of the Swabian Alb extends further towards the north-east. On the side facing the Neckar steep slopes and deeply eroded valleys prevail. Upon the knolls and cones of this landscape you will mostly find ruins, strongholds and castles: Hohenzollern near Hechingen, Lichtenstein near the town of Pfullingen, Teck near Kirchheim, Hohenstaufen above Göppingen and Rosenstein near Heubach are but a few examples of such "rock nests". On the southern face, looking towards the Danube, the descent is gentle, the landscape gradually transforming into the wide expanses of Upper Swabia and Bavarian-Swabia. The Alb border is marked by the following towns: Sigmaringen with its mighty castle of the Dukes of Zollern, the Baroque jewel Zwiefalten, Blaubeuren—known for its monastery and its "Blautopf" and finally Giengen an der Brenz, home of Steiff soft toys and birthplace of the teddy bear. Right in the north-east and representing an ending point of the Swabian Alb, reigns a masterpiece of the Baroque architect Balthasar Neumann: Neresheim Monastery with its breathtakingly beautiful abbey.

We now turn towards the eastern gate of Baden-Württemberg, towards the Danube town of Ulm. This former Reich town, where many traditions are still upheld with such customs as "Schwörmontag" and "Fischerstechen", can be sighted from afar. And no wonder, with the church it possesses: the Ulm Minster with its 161 metre-high tower, the tallest in the world.

South of Ulm, between the Danube and the Iller, the wide and fertile plains of Upper Swabia spread out. Hilly and in parts mountainous, as for instance near Bussen or at Höchsten, this landscape extends as far down as Lake Constance. Obermarchtal, Ochsenhausen, Weingarten with Germany's biggest Baroque basilica, and Steinhausen reputed to own the "most beautiful village church in the world", are stopping points along the Upper Swabian Baroque route. With their old town centres, Biberach an der Riß, Ravensburg and Pfullendorf display evidence of their old Reich town past. Buchau, Schussenried, Saulgau, Waldsee and Wurzach, all preceded by the term of distinction "Bad" (signifying that they are spa towns), represent pretty little health and holiday resorts of the region. The countryside here is rich in arable land and lakes abundant with animal and plant life as well as in moorland.

To the extreme south-east of the region lies the moraine landscape of the Allgäu of Württemberg. Leutkirch, Wangen, Isny and Kißlegg are the most important towns in this mountainous and lakeland area.

We have now reached Lake Constance, the third largest lake in Europe and the biggest inland water of Germany, covering an area of 571 square kilometres and reaching a depth of 254 metres. Here at the "Swabian Sea" a clearly Mediterranean climate prevails, permitting all varieties of plants to blossom and bloom. Upon the lakeshore slopes there are fruit trees and vineyards. The monastic island of Reichenau, in the part of Lake Constance called the Untersee, is a vegetable paradise, the island Mainau, in yet another part of the lake—in Überlinger See, is a flowering glory.

On the lake itself all forms of transport are provided: fishing boats, sailing boats, motorboats, passenger and car ferries. Naturally, people have settled directly by the lake. Radolfzell and Überlingen, Meersburg and Friedrichshafen are all towns with lovely shoreline promenades and superb views across the lake over to the Swiss and Austrian Alps.

Once a powerful bishop's see and seat of the mediaeval council, Contance is today the absolute centre of the lake's tourist activity. Picturesque houses in the old part of town, the impressive minster and the port's figure "Imperia" are the most distinctive features of this town. Honoré de Balzac describes the courtesan Imperia as the queen of the Council of Constance; this gigantic sculpture by Peter Lenk revolves around itself, keeping Emperor and Pope in balance. Constance has also got a young university and is an important border town to Switzerland.

The Rhine that flows into Lake Constance at Bregenz flows out again here and onwards through Untersee entering Switzerland once again at Stein. To the north, all around Singen, rise cone-shaped hills of an ancient landscape. These are the volcanoes of the Hegau: Hohentwiel, Hohenkrähen, Hohenstoffeln and Hohenhewen, their summits crowned by extensive stronghold and fort ruins.

Now returning to the Rhine: Just beyond Schaffhausen the river touches soil of Baden-Württemberg again, flowing on to define—with little exception—the natural regional boundaries as far as Mannheim. It flows through the Klettgau past the Hotzenwald with its main town of Waldshut-Tiengen. It then crosses below the picturesque wooden bridge in the old and distinguished town of Bad Säckingen and flows past the extensive chemical industrial sites at Rheinfelden and Grenzach-Whylen before finally taking a sharp right as it reaches Basle, Switzerland. This town has grown together with its neighbours Weil and Lörrach that lie in Baden. From here the Rhine makes its way northwards.

Now, however, we must climb to attain the heights of the Black Forest—for here in the regional district of Breisgau-Hochschwarzwald the landscape is particularly high as the word "hoch" itself suggests. Feldberg (1,493 m), Herzogenhorn (1,415 m) and Belchen (1,414 m)—these mark the roof of the region. From here, how far the viewer's eye can travel! To the west to Freiburg, the Rhine and the Vosges Mountains; to the south towards Switzerland with its mountains almost always snow-clad; to the north over the virtually endless ridges of the Black Forest; and to the east where the landscape gradually descends to the Baar. The lakes Schluchsee and Titisee lie deep and still, cradled in between the mountain slopes. Todtnau and Hinterzarten represent important centres for winter sports. Here soar the "Black Forest Eagles", as the national ski-jumping team is also called.

From Titisee-Neustadt road and rail pass through the narrow Höllental Valley down to Freiburg in Breisgau, the capital of South Baden. The old Zähringer town is the seat of a Catholic archbishop, and his see is in one of the most wonderful Gothic minsters ever to be built. Its church tower is often referred to as the "most beautiful tower in all Christendom" on account of its octagonal dome. At the foot of the church farmers and gardeners of the Breisgau, Markgräflerland and the Black Forest Valleys offer their produce: fruit and vegetables, herbs and teas—a colourful beehive of activity upon the market square. Many students are enchanted by the flair of this famous university town. And generally speaking, with its southern climate, Freiburg is also otherwise a place where the living is good.

Beyond the gates of Freiburg extend the Breisgau area, Tuniberg and Kaiserstuhl. Here, upon field-cleared terraces, grow strong, "sun-fondled" vines. To the west, directly on the Rhine lies Breisach. High above the town reigns the Minster of St Stephan, endowed with the finest Late Gothic works of art.

North of Kaiserstuhl you can already see the meadowland Ortenau, the main town of which is Offenburg. The plains of the Rhine, vineyards on the western slopes of the Black Forest and heavily wooded mountains—this landscape has many different faces. Here you will also discover the theme park "Europa Park Rust", which had its beginnings in a long-estab-

Souabe supérieure. Paysage fait de collines, parfois aussi de montagnes, comme celles de Bussen ou de Höchsten, et qui s'étend jusqu'au lac de Constance.

Obermarchtal, Ochsenhausen, Weingarten avec la plus grande basilique baroque d'Allemagne et Steinhausen avec la «plus belle église de village du monde» sont des étapes de la route baroque de la Souabe supérieure. Biberach an der Riß, Ravensburg et Pfullendorf attestent avec leurs parties anciennes conservées de leur passé de villes d'Empire. Buchau, Schussenried, Saulgau, Waldsee et Wurzach, toutes pourvues de la qualification de «Bad» sont de charmants endroits de cure et de détente. Nous sommes dans un paysage riche en champs fertiles, en lacs et en zones marécageuses où la faune et la flore sont très variées.

Tout à fait au sud-est du Land se trouve la zone morainique de l'Allgäu wurtembergeois. Les villes de Leutkirch, Wangen, Isny et Kißlegg sont les sites les plus marquants de cette région qui abonde en monts et en lacs.

Nous avons atteint le lac de Constance, qui avec ses 571 km^2 est le troisième plus grand lac d'Europe et l'étendue d'eau intérieure la plus vaste du pays. Sa profondeur peut atteindre 254 mètres. Sur les bords de cette «Mer souabe» règne un climat méditerranéen qui fait presque tout pousser et croître. Ses pentes de ses berges sont plantées d'arbres fruitiers et de pieds de vigne. L'île monastique de Reichenau dans le «Untersee» est un paradis pour la culture des légumes et l'île de Mainau dans le «Überlinger See» un paradis pour les fleurs. Plusieurs moyens de transport permettent de se déplacer sur le lac: les barques de pêche, les petits bateaux à voile ou à moteur, les bateaux de promenade ou les ferrys.

Les hommes se sont de façon naturelle établis sur les bords immédiats du lac. Les villes de Radolfzell et Überlingen, Meersburg et Friedrichshafen possèdent des berges aménagées pour la promenade et offrent des vues superbes par-delà le lac sur les Alpes suisses et autrichiennes.

Autrefois puissante ville épiscopale et siège d'un concile au Moyen Age, Constance est aujourd'hui un pivot et une plaque tournante pour le tourisme autour du lac. Les pittoresques maisons de la vieille ville, l'impressionnante cathédrale et sur le port la statue d'«Imperia» sont les éléments les plus marquants de la ville. Honoré de Balzac décrit la courtisane Imperia comme la reine du concile de Constance; la statue géante de Peter Lenk se tourne sur elle-même et tient le pape et l'empereur sur sa balance. Constance a été récemment dotée d'une université et est un point de passage important vers la Suisse.

Le Rhin, qui s'est jeté à Bregenz dans le lac, le quitte de nouveau ici pour continuer son cours à travers le «Untersee» et rentrer à nouveau en Suisse près de Stein. Au nord de là, autour de Singen, s'élèvent les dômes d'un paysage remontant à des temps très reculés. Il s'agit des volcans du Hegau: Hohentwiel, Hohenkrähen, Hohenstoffeln et Hohenhewen, dont les sommets sont couronnés d'énormes châteaux forts et forteresses en ruines.

Retournons vers le Rhin. Peu après Schaffhausen il reprend contact avec le sol allemand et forme à de rares exceptions près la frontière naturelle du pays jusqu'à Mannheim. Il traverse le Klettgau, longe le Hotzenwald, dont la ville principale est Waldshut-Tiengen, passe sous un pittoresque pont en bois près de la ville de Bad Säckingen vénérable par son âge, coule le long des vastes installations des usines chimiques près de Rheinfelden et Grenzach-Whylen et à Bâle enfin, ville suisse qui ne se distingue plus guère des villes badoises voisines de Weil et Lörrach, effectue un virage à droite radical et se dirige à partir de là vers le nord.

Nous gravissons maintenant à proprement parler les hauteurs de la Forêt-Noire, car dans le Landkreis de Breisgau-Hochschwarzwald le massif est, comme le nom l'indique bien, particulièrement élevé. Entourés du Feldberg avec 1493 mètres, du Herzoghorn avec ses 1415 mètres et du Belchen avec 1414 mètres, nous avons atteint le «toit» du Land. D'ici le regard du spectateur peut se porter vraiment loin! A l'ouest Fribourg, le Rhin et les Vosges, au sud la Suisse avec ses massifs montagneux enneigés pour la plupart, au nord les sommets presque ininterrompus de la Forêt-Noire. Et à l'est le paysage descend doucement vers la région appelée Baar. Le Schluchsee et le Titisee s'étalent paisiblement, cernés par les hautes montagnes. Todtnau et Hinterzarten sont d'importantes stations de sports d'hiver. C'est ici que volent les «aigles de la Forêt-Noire». C'est le nom que l'on donne aussi à l'équipe nationale de saut à ski.

De Titisee-Neustadt la route et le rail mènent par l'étroite «Höllental» vers Fribourg-en-Brisgau, la capitale de la Bade du sud. Dans l'ancienne ville des Zähringer est implanté un archevêché catholique qui a son siège dans l'une des plus belles églises gothiques jamais construites. «Le plus beau clocher de la chrétienté»: c'est à sa flèche octogonale que la tour de la cathédrale de Fribourg doit cette dénomination. Au pied du sanctaire les paysans et les jardiniers du Breisgau, du Markgräflerland et des vallées de la Forêt-Noire se regroupent pour vendre leurs fruits et leurs légumes, leurs herbes et leurs tisanes. Une animation colorée règne sur la place du marché. Beaucoup d'étudiants se laissent séduire par le charme de cette ville universitaire réputée. Elle est de toute façon un endroit où sous le climat ensoleillé du sud il fait bon vivre.

Aux portes de Fribourg s'étendent le Breisgau, le Tuniberg et le Kaiserstuhl. Ici poussent sur des terrasses dues au remembrement des vins puissants «choyés par le soleil». A l'ouest directement sur le Rhin se trouve la ville de Brisach, dominée par la cathédrale Sankt Stephan, ornée d'œuvres d'art très raffinées du gothique tardif.

Au nord du Kaiserstuhl commence déjà l'Ortenau, dont Offenburg est le chef-lieu. La plaine du Rhin, les vignobles sur les versants ouest de la Forêt-Noire et les cimes boisées, voici une contrée aux multiples visages. C'est ici que se trouve aussi l'Europapark de Rust développé à partir d'une ancienne entreprise locale de construction de montagnes russes et de manèges. C'est devenu un parc de loisirs et d'aventure doté d'attractions du meilleur niveau et qui attire de ce fait annuellement plus de trois millions de visiteurs. Le célèbre Pont de l'Europe qui franchit le Rhin à Kehl, relie la France et l'Allemagne et symbolise l'entente entre les peuples et l'amitié.

Nous quittons l'Ortenau par la vallée de la Kinzig, en passant par les pittoresques localités de Gengenbach, Haslach et Hausach. A Hausach sont exposées des pièces de musée d'un genre particulier et dans le musée paysan de plein air de Vogtsbauernhof se trouvent des fermes typiques de la Forêt-Noire avec leurs grands toits couverts de bardeaux ou de chaume. Sans compter un grand nombre d'accessoires et d'ustensiles. Dans ce musée comme dans les nombreux autres écomusées qui existent dans la région, on apprend beaucoup de choses sur les usages et le mode de vie des temps passés.

Continuons en remontant la Kinzig. Nous arrivons à Alpirsbach, célèbre pour son couvent et sa bière, puis à Freudenstadt, doté d'un plan datant de la Renaissance. Le duc Friedrich Ier de Wurtemberg y avait fondé en 1599 une ville implantée autour d'une place de marché rectangulaire. A Baiersbronn, à une distance de seulement quelques kilomètres, mais déjà dans la vallée de la Murg, ce sont trois cuisiniers étoilés qui rivalisent pour le grand bonheur des gourmets.

En passant par Klosterreichenbach et Forbach nous descendons en suivant la Murg jusqu'à la ravissante petite ville de Gernsbach. A partir d'ici il n'y a plus qu'un saut à faire en direction de l'ouest pour nous trouver, dans la vallée de l'Oos, tout bonnement dans une ville d'eau: Baden-Baden, où nous avons un centre pour les curistes, un casino, de somptueux hôtels et établissements thermaux, une salle de spectacles résolument moderne et même aux portes de la ville, à Iffezheim, un champ de courses de réputation internationale.

Baden-Baden est aussi un centre important pour les médias, avec des studios de radio et de télévision, des maisons d'édition, des sociétés de recherches sur les médias, des entreprises de télématique et une académie européenne des médias.

Continuons encore un peu notre route, cette fois-ci en direction du nord et nous nous trouvons dans le «Versailles badois». Le somptueux château constitue le coeur de Rastatt; il abrite de nos jours également un lieu de commémoration des mouvements de libération de l'histoire allemande.

Nous traversons le Pfinzgau et nous nous dirigeons vers Pforzheim, la ville des bijoux. Le 23 février 1945 le centre ville fut en l'espace de vingt minutes rasé par les bombardements des Alliés, qui firent pas moins de 20 000 victimes. Après la fin de la Deuxième Guerre mondiale une ville moderne fut construite à la place, elle compte aujourd'hui 120 000 habitants.

Une brève escapade en remontant la vallée du Nagold nous mène aux ruines du monastère de Hirsau près de Calw. Ici s'élevait autrefois l'une des plus grandes abbayes du monde germanique. On donne actuellement dans les vestiges de ses murs des représentations théâtrales et les concerts à la lueur des flambeaux attirent de nombreux spectateurs. Mais Calw aussi vaut le déplacement: ses drapiers et ses teinturiers livraient autrefois leurs produits loin hors des frontières. La position de la ville au bord de la rivière et dans des forêts contribua à la prospérité du commerce du bois et la «Compagnie du commerce du sel de Calw» avait le monopole du sel dans le Wurtemberg. C'est dans cette petite ville qu'est né et qu'a grandi Hermann Hesse, prix Nobel de littérature, l'écrivain de langue allemande du 20e siècle le plus lu.

Nous prenons contact maintenant avec la vaste région vallonnée du Kraichgau. Pas très loin de Bretten, la ville dont est originaire l'humaniste Philipp Melanchton, se trouve l'ancienne abbaye cistercienne de Maulbronn, classée patrimoine culturel mondial par l'UNESCO. Il n'y a jusqu'à présent que l'île abritant le monastère de Reichenau sur le lac de Constance qui ait obtenu cette distinction dans le Land.

Retour dans la vallée du Rhin, où nous accueille Bruchsal, ville de l'asperge, où les princes-évêques de Spire, sur la rive gauche du Rhin, avaient leurs possessions rurales. Ils se firent donc construire dans cette ville une résidence baroque digne de les représenter.

Notre voyage touche à sa fin et atteint en même temps l'un de ses temps forts. La ville dont nous allons nous occuper maintenant impressionne quand on la découvre depuis les airs à cause de sa disposition en forme d'étoile. Elle était la ville de résidence des margraves badois et la capitale du grand-duché de Bade et elle est le siège de la Cour constitutionnelle et de la Cour de cassation, c'est le centre culturel et économique de la Bade du nord; il y a ici des établissements d'enseignement supérieur et des instituts de recherche renommés, nous avons ici un des plus grands ports fluviaux d'Allemagne ... C'est cela Karlsruhe, la ville-éventail. En effet depuis le château partent vers tous les points cardinaux des rues et des chemins, qui devaient autrefois le relier à toutes les parties du margraviat. Il faudrait peut-être simplement prolonger l'un des chemins qui mènent en direction du sud-est. On aurait ainsi une liaison rectiligne qui mènerait sans détour vers Stuttgart. Ce serait ainsi une autre liaison directe entre les deux centres du Land de Bade-Wurtemberg.

Baden-Württemberg

Martin Klaus

Baden-Württemberg, pequeño país ejemplar, país de los constructores de casitas. Atributos para un país al que se le ha dado diversas formas, con hombres y mujeres conscientes de su tradición pero también con una orientacion hacia el futuro. El paisaje en el sudoeste de Alemania es tan variado que se puede decir que Baden-Württemberg tiene todo para ofrecer, a excepción de desierto, sierras altas y costa marítima.

¿Y dónde viven los hombres y las mujeres de este país? Existen pequeños y alejados caseríos en las zonas altas de la Selva Negra, del Allgäu y de la Schwäbische Alb. En todas partes en el país hay pequeñas ciudades; las cuales con su esforzado trabajo son una importante columna de Baden-Württemberg como país cultural y económico.

Después tenemos los grandes espacios de aglomeración alrededor de Stuttgart, Mannheim y Karlsruhe. Estas grandes ciudades son punto de atracción para artistas de rango mundial, empresas transnacionales, investigadores y científicos, inventores de las tecnologías más modernas.

Baden-Württemberg vive precisamente de estas diferencias. Ya sea en el pueblo o en la metrópolis, en todas partes hay inventores y forjadores de ideas que se encuentran creando. Ellos forjan la reputación del país como lugar de producción para todo tipo de producción de máquinas. Desde enormes motores para barcos hasta micromecanismos, desde el avión de turbinas hasta el robot industrial, la paleta de los productos es grande.

Estos son únicamente los aspectos geográficos y económicos que hacen más clara la variedad de Baden-Württemberg. En cuanto a los habitantes de este país podemos decir lo mismo: del Palatinato, de Franconia, de Württemberger, de Suabia Alta, de Hohenzollern, de la antigua región Alemania, de Baden; todos tienen su idiosincracia, sus diferentes dialectos y su forma de vida bien definida. Todos juntos unen las diferentes tradiciones históricas de la zona sudoeste alemana con una variedad cultural que caracteriza al país de Baden-Württemberg.

Viaje a través del país

Uno de los lugares más visitados de Baden-Württemberg es Heidelberg, la antigua ciudad residencial de la región Kurpfalz y ciudad universitaria. Muchas canciones le cantan a esta «maga en la playa del Neckar», la cual posee las espléndidas ruinas del castillo, la complejidad de la ciudad antigua y su ubicación en el valle profundamente cavado del Neckar que le prestan un romántico carácter.

Al norte de Heidelberg se extiende un paisaje que se cuenta entre las regiones más cálidas de Alemania: almendros y árboles de magnolia, de duraznos y melocotones, florecen y dan frutos. Estamos hablando aquí de la Bergstrasse (ruta de los montes), que va desde Weinheim en dirección a Hessen y que se abraza a las laderas oestes del bosque de Odenwald.

Sólo a unos cuantos kilómetros de distancia en la confluencia de los ríos Neckar y Rhein, se encuentra la gran ciudad de Mannheim que se caracteriza por la ciudad antigua, la cual fue planificada en una maqueta a principios del siglo XVIII y en cuyo margen oeste se encuentra el castillo de Kurpfalz. Su ubicación privilegiada tanto a orillas del Neckar como a orillas del Rhein así como su cercanía a importantes rutas ha hecho crecer a Mannheim como uno de los más grandes espacios de aglomeración de Baden-Württemberg.

Firmas que trabajan a nivel mundial sobre todo en el campo automotriz y de la industria farmaceútica-química, tienen su sede en la ciudad de las ferias y los congresos. Diariamente decenas de miles de personas van a trabajar a la metrópolis del Rhein y del Neckar y por las tardes regresan a sus casas.

En la región de los alrededores de Kurpfalz se encuentra la ciudad de Schwetzingen, conocida por el impactante y fantasioso jardín del castillo, por sus conciertos en el castillo pero también conocida a causa de una delicia culinaria; el espárrago, que aquí crece en interminables hileras en las colinas.

Volteémonos ahora en dirección al este, subiendo por el río Neckar, rumbo al bosque Odenwald el río se ha cavado aquí profundamente en la región montañosa boscosa. En cada curva del río sobresalen del bosque castillos fortificados, la mayoría de piedra arenosa rojiza. Algunos se encuentran en ruinas, otros están habitados hasta hoy. Los montes Zwingenberg, Hornberg (el Monte del Cuerno), Stolzeneck (El Rincón de los Orgullosos), Minneburg (El Castillo de la Trova); son testigos de inquietos días de dominación.

Muy pronto nos encontramos con el lugar principal del distrito de Neckar-Odenwald Mosbach; una pequeña y pintoresca ciudad con impresionantes construcciones de fachadas entramadas.

Los siguientes son más que sólo lugares que vale la pena ver en la región franca del río Tauber: Walldürn, lugar de peregrinaje al margen del bosque del Odenwald.

Wertheim, que se encuentra en la desembocadura del río Tauber en el río Main, y la cual posee una pintoresca ciudad antigua, sobresaliendo por encima de ella las ruinas de un poderoso castillo, Tauberbischofsheim, centro del distrito de Main-Tauber con la imponente construcción del castillo de Kurmainz y el Centro Nacional del Deporte de Competencia de Esgrima.

Siguiendo al río Tauber hacia arriba se llega después de un corto trecho de camino al balneario Bad Mergentheim, antiguo centro de la «Orden Alemana».

La inmensa construcción del castillo de la orden, y el extenso parque del balneario caracterizan a esta ciudad del norte de Baden-Württemberg. Aquí empieza la explanada del río Tauber, la cual es un paraíso para los amantes de la bicicleta a causa de sus caminos para bicicletas tan bien construidos.

No muy lejos del balneario de Bad Mergentheim se encuentra la sede de la residencia de los nobles de Hohenlohe: Weikersheim, este castillo es renacentista y posee un incomparable jardín poblado de figuras de gnomos, ninfas y otras figuras fantásticas. Un poco más al este se esconde una joya de un tipo muy especial: el altar de Maria «Marienaltar», el cual fue tallado en madera por Tilman Riemenschneider, una obra del arte gótico de gran perfeccion. Este altar se encuentra en la iglesia Herrgottskirche (Iglesia del Señor), en el pueblo de Creglingen. Se sigue algunos kilómetros más y se llega a la pequeña ciudad medieval Rothenburg ob der Tauber, que se encuentra en suelo bávaro.

De Creglingen giramos hacia el sudoeste y nos recibe la meseta extendida de Hohenlohe: campos hasta el horizonte solamente interrumpidos por los ríos Jagst y Kocher, que se han cavado profundamente en el terreno. A lo largo de los valles se alinea un pintoresco lugar después del otro. Antiguos conventos, antiguas iglesias, castillos fortificados y castillos, a la mano derecha y a la mano izquierda.

La antigua ciudad de la sal Schwäbisch Hall, que se encuentra ubicada al sur de Hohenlohe puede ser vista como el lugar central de este paisaje. Famosa es Hall por su teatro al aire libre que se representa sobre las escaleras de la iglesia Michaelskirche (Iglesia de San Miguel), famosa también a causa de su cerrado y bien conservado casco antiguo y por el Museo de Arte de Würth. No debe olvidarse la impresionante construcción del antiguo Convento de los Benedictinos Grosscomburg, que se encuentra en las alturas mirando el valle de Kocher y por lo que Hall también es conocida.

Delante de nosotros se encuentra ahora el ancho valle del Neckar, acompañado por extendidos montes de viñas y, directamente a orillas del Neckar la antigua ciudad imperial Heilbronn: importante ciudad portuaria, movido nudo de tránsito, lugar laboral, comercial y centro cultural de la así llamada Unterland (Región Baja).

¿Y los alrededores? Ahí estaría Weinsberg, la ciudad del poeta Justinus Kerner con sus famosas ruinas del castillo «Weibertreu» (La Fidelidad de las Mujeres).

En el norte: el balneario Bad Wimpfen, la antigua ciudad palatina de los Staufer.

Al oeste de Heilbronn se encuentra el paisaje de colinas de Stromberg y Heuchelberg. Sobre las cumbres de los montes crece un bosque profundamente obscuro. En las pendientes, en cambio, viñedos hasta donde el ojo alcance. Y al sur de Heilbronn tres ciudades forman importantes centros en esta región. Estas son: Lauffen, con una ubicación muy pintoresca en una curva del Neckar, Besigheim con su bella ciudad antigua y Bietigheim-Bissingen, conocida por el grandioso viaducto sobre el río Enz.

Sigamos al Neckar río arriba, Ludwigsburg se llama nuestra próxima estación. Tres castillos nos cuentan del grandioso florecimiento barroco. Hoy se nos presenta como un importante centro de enseñanza contando la ciudad con una academia de cine, una escuela superior y una escuela superior de pedagogía.

Lancemos una mirada a los alrededores de Ludwigsburg, a una pequeña ciudad que se puede abarcar con la mirada, a orillas del Neckar, allí se encuentra el Museo Nacional de Schiller y el Archivo de la Literatura Alemana. Estamos hablando de Marbach, la ciudad natal del famoso poeta Friedrich Schiller.

El valle del río Rems es uno de los ejes principales de la viticultura de Württemberg y aquí también tenemos pequeños y maravillosos mesones bien conservados, en los cuales uno puede disfrutar de especialidades de la cocina y de la bodega.

Subiendo el río Rems nos encontramos con preciosidades arquitectónicas: El Convento Lorch, centro espiritual en el cual se encuentra la tumba de los primeros Staufer así como Schwäbisch Gmünd. En la antigua ciudad de la plata (se está hablando de Schwäbisch Gmünd donde hay industria de orfebrería, esta ciudad es la contraparte de la ciudad del oro Pforzheim) se han eternizado maestros de la construcción del gótico tardío.

Se atraviesa una loma y se encuentra uno en Esslingen, ciudad que se caracteriza por su riquísima historia. Esslingen se encuentra rodeada de extendidas laderas de viñas y da cobijo entre sus muros tanto a la más antigua bodega de cava alemana como al productor del vinagre alemán más vendido. Sus muchas casas medievales, callejuelas empredradas y la más antigua iglesia de la Orden de los Mendigos que todavía se conserva en suelo alemán, le dan prestigio a la ciudad.

La región de Stuttgart tiene como un millón y medio de habitantes. Una buena tercera parte de éste, vive en el centro de ese espacio de aglomeración que es Stuttgart, la capital de Baden-Württemberg; la sede del Parlamento y del Gobierno Regional de Baden-Württemberg. Aquí hay de todo: teatros, ópera y el mundialmente famoso Ballet de Stuttgart, orquestas, salas de concierto y una escuela superior de música, una casa de escritores y una casa de literatura, castillos, parques, lagos y el jardín zoológico-botánico «Wilhelma». Gran cantidad de museos y galerías así como una academia de arte, dos universidades estatales, una escuela superior privada y muchas otras escuelas superiores, una feria de exposiciones, varias emisoras de radio y una de televisión, un aeropuerto internacional, un puerto fluvial en el Neckar, las mejores carreteras y una buena red ferroviaria y naturalmente la torre de televisión de Stuttgart, la primera y ejemplo para otras torres de televisión en todo el mundo. En los estadios y coliseos de deporte de Stuttgart se realizan campeonatos y torneos internacionales, Stuttgart quiere por eso que los Juegos Olímpicos del 2012 se realicen en este lugar.

Aquí se encuentran las aguas termales mas fuertes de Europa del Oeste, aquí crecen los viñedos hasta llegar a las oficinas que se encuentran en los edificios del centro de la ciudad. Pero aquí también grandes empresas transnacionales y otras empresas tienen aquí sus raíces; construyen automóviles, componentes electrónicos y máquinas de todo tipo. Tenemos también la Fiesta Popular de Cannstatt en el prado, que es una de las más grandes de toda Alemania.

Al oeste de Stuttgart hay dos ciudades que se han fundido en un conglomerado donde empresas internacionales del campo de la computación, de la técnica automotriz, de la industria de la construcción de máquinas y del sector de servicios, han encontrado un lugar y para muchos miles de hombres y mujeres un puesto de trabajo. Se está hablando de Sindelfingen y Böblingen. En dirección a Tübingen se extienden las largas regiones del bosque del parque natural Schönbuch (Bosque Hermoso). Y en medio de éste el antiguo Convento de los Cistercienses de Bebenhausen, el cual en su larga historia no sólo ha servido a los monjes sino también como castillo de caza, como residencia de jubilación del rey y como sede del Parlamento Regional de Baden-Württemberg.

Tübingen reluce con su castillo y su ciudad antigua la cual no fue destruida durante la guerra. Tiene, sobre todo una legendaria reputación como ciudad universitaria. Mucha gente célebre ha visitado aquí seminarios o ha dictado cátedra; por ejemplo, los filósofos Hegel, Schelling y Bloch, los poetas Hölderlin, Hauff y Uhland, el astrónomo Johannes Kepler, el botánico Leonhart Fuchs, el químico Adolf Butenand o la bióloga de la biología del desarrollo y Premio Nobel Christiane Nüsslein-Volhard. Tübingen tiene desde 1477 una universidad y atrae hasta hoy estudiantes de todo el mundo; actualmente tiene unos 20.000 estudiantes. Además, según una encuesta reciente, Tübingen ofrece la más alta calidad de vida en toda Alemania.

Pues, sigamos, y continuemos por el Neckar hasta sus orígenes. Rottenburg, Horb, Sulz y Oberndorf están situados abajo, en el valle, que ha sido labrado en el paisaje de la región Heckengäu (región de los setos).

No en el valle sino más arriba se encuentra la antigua ciudad de los romanos: Rottweil, centro del carnaval suabio-alemán. Con las máscaras de madera puestas, las cuales han sido cortadas a mano, a veces con expresión amable, otras veces con expresiones que producen miedo, con disfraces coloridos se desaforan los bufones en la Cuaresma por las callejuelas de la ciudad animando a los espectadores y a los participantes de la fiesta.

En algún lugar, al sur de la doble ciudad Villingen-Schwenningen, en la ciénaga de Schwenningen, nace el río Neckar, el río más importante del país de Württemberg. A algunos kilómetros de distancia, cerca de Donaueschingen, nace el Danubio por la confluencia de los ríos Brigach y Breg.

Todavía un poco más al sur, empieza el paisaje de la Schwäbische Alb, que es parte de la gran cadena de montañas de el Jura la cual se extiende desde el río Rhône en Francia a través de Suiza y Baden-Württemberg hasta el río Main en la parte franca de Bavaria.

Cerca del lugar Fridingen ya la Schwäbische Alb es tan alta que el Danubio se ha cavado profundamente en la roca. Aquí quiebra el río la Alb. Nos encontramos en medio del parque natural «Obere Donau» (Danubio Superior), por todos lados sobresalen desde las alturas del bosque rocas masivas de bizarras formas. El Danubio fluye a través de este paisaje montañoso haciendo muchas curvas.

A pesar de que el Danubio desaparece en el subsuelo cerca de Immendingen y Fridingen, logra después seguir su camino hacia el Mar Negro, haciéndonos el regalo de su presencia, abrazado por abruptos precipicios, una imagen inolvidable. Desde ahí se extiende la montaña media de la Schwäbische Alb hacia el noreste. Del lado que mira al Neckar dominan precipicios abruptos y valles profundos que han sido continuamente lavados por el río.

En las cumbres y conos de este paisaje se han ubicado mayormente ruinas, castillos fortificados y castillos: Hohenzollern cerca de Hechingen, Lichtenstein cerca de la ciudad de Pfullingen, el Teck cerca de Kirchheim, el Hohenstaufen arriba de Göppingen y el Rosenstein cerca de Heubach, son solamente algunos ejemplos de estos «nidos en las rocas».

En la parte sur mirando al Danubio las montañas van perdiendo poco a poco altura hasta que el paisaje se va convirtiendo en los anchos paisajes de la Suabia Alta y de la Suabia Bávara. Aquí tenemos a la ciudad de Sigmaringen con su imponente castillo de los Hohenzollern, Zwiefalten la perla baroca, Blaubeuren, conocido por su convento, el «Blautopf» (Olla Azul) manantial caudaloso y Giengen a las orillas del río Brenz, la ciudad originaria de los animales de peluche del tipo «Steiff» y ciudad natal del oso Teddy; todas estas ciudades marcan la frontera de la Alb. Bien en el noreste, al final de la Schwäbische Alb, reina el Convento Neresheim con su bella abadia que quita el aliento. Este convento fue construido por el maestro del barroco Balthasar Neumann.

Giramos entonces en dirección al portal del este de Baden-Württemberg, la ciudad del Danubio: Ulm, la antigua ciudad imperial, en la cual todavía se conservan muchas tradiciones como el juramento del lunes, y la costumbre de pica-pescadores. Ulm, la cual se puede ver desde lejos. Esto no es ningún milagro si se piensa en la iglesia que tiene. La Catedral de Ulm posee la torre de iglesia más alta del mundo. Tiene 161 metros de altura.

Al sur de Ulm, entre los ríos Danubio e Iller, se abre la amplia y fértil superficie de la Suabia Alta. A veces con colinas y otras veces montañoso como en el caso del monte más alto Bussen, se extiende este paisaje hasta el Lago de Constanza. Obermarchtal, Ochsenhausen, Weingarten con la basílica barroca mas grande de Alemania y Steinhausen con la «más bonita iglesia de un pueblo en el mundo», son estaciones de la ruta del barroco de la Suabia Alta. Biberach a orillas del río Riss, Ravensburg y Pfullendorf con sus ciudades antiguas, dan testimonio de su pasado de ciudades imperiales. Buchau, Schussenried, Saulgau, Waldsee y Wurzach todas garladonadas con el nombre de balneario son bonitos lugares de cura y descanso. Este paisaje es rico en campos cultivados fértiles, en lagos con muchas plantas y animales y zonas pantanosas.

Bien al sudeste del país se encuentra el paisaje de las morrenas de la región del Allgäu de Württemberg. Las ciudades Leutkirch, Wangen, Isny y Kisslegg son los lugares más importantes de esta zona montañosa y rica en lagos.

Hemos llegado al Lago de Constanza, el cual con sus 571 kilómetros cuadrados es el tercer lago más grande de Europa y el lago interior más grande de Alemania. Tiene hasta 254 metros de profundidad. En el «Mar Suabio» hay un clima casi mediterráneo que hace que pueda crecer y florecer de todo. En las pendientes de la ribera del lago crecen árboles frutales y parras de uvas. La isla del Convento Reichenau en el lago Untersee (Lago Bajo) es un paraíso de verduras, la isla Mainau es un paraíso de flores. Sobre el lago se puede encontrar las diferentes formas de movilidad: barcas de pescadores, botes de velas y a motor, barcos de pasajeros y ferrys para autos.

De manera natural los habitantes se asentaron directamente a las orillas del lago. Radolfzell y Überlingen, Meersburg y Friedrichshafen son ciudades con lindos malecones y preciosos panoramas sobre el lago en dirección hacia los alpes suizos y austriacos.

Constanza fue antiguamente una poderosa ciudad obispal y lugar de concilios medievales. Esta ciudad es hoy centro activo del turismo del Lago de Constanza. Los puntos más relevantes de la ciudad son las pintorescas casas de la ciudad antigua, la impresionante construcción de la catedral y la escultura «Imperia», la cual se encuentra en el puerto. Honoré de Balzac, describe a la cortesana Imperia como reina del Concilio de Constanza. La gigante escultura de Peter Lenk gira sobre sí misma y tiene al Emperador y al Papa en la balanza. Constanza tiene también desde hace algunos años, una universidad y es un importante lugar fronterizo con Suiza.

El río Rhein que desemboca cerca de Bregenz, en el lago de Constanza, abandona el lago y sigue fluyendo en el Untersee (Lago Bajo). Cerca de Stein vuelve otra vez a Suiza. Al norte de aquí, en los alrededores de Singen se levantan los conos de un paisaje de la prehistoria, son los volcanes del Hegau: Hohentwiel, Hohenkrähen, Hohenstoffeln y Hohenhewen, sus cumbres están coronadas por extendidas ruinas de castillos fortificados y fortalezas.

Regresemos al Rhein; cortamente después de Schaffhausen toca otra vez tierra de Baden-Württemberg y forma hasta Manheim, aparte de pequeñas excepciones, la frontera natural del país, fluye a través de la región del Klettgau pasando el bosque del Hotzenwald con su lugar más importante Waldshut-Tiengen, atraviesa por abajo el pintoresco puente de madera cerca de la ciudad Bad Säckingen, balneario digno de su pasado, pasa por los extendidas fábricas de la industria química cerca de Rheinfelden y Grenzach-Whylen, finalmente hace una prununciada curva a la derecha cerca de Basel suiza, la cual ha crecido junto con sus vecinas ciudades alemanas de Baden Weil y Lörrach y corre de aquí hacia el norte.

Nosotros en cambio, subimos las alturas de la Selva Negra, en el distrito Breisgau-Hochschwarzwald (Selva Negra Alta) donde, como su nombre lo indica es especialmente alta: El monte Feldberg (Monte del Campo) con 1493 m., el monte Herzogenhorn (El Cuerno del Conde) con 1415 m. y el monte Belchen con 1414 m., éste es el techo del país. Cuán lejos puede desde aquí vagar la mirada del que lo contempla.

Al oeste Freiburg, el rio Rhein y la sierra Vogesen, al sur Suiza con sus montañas masivas casi siempre cubiertas de nieve. Al norte, las casi interminables colinas de la Selva Negra. Al este, aquí el paisaje baja lentamente hacia la Baar. Los lagos Schluchsee y Titisee se encuentran tranquilos, como en una cama, entre las alturas de los montes. Todtnau y Hinterzarten son importantes centros de deporte de invierno. Aquí vuelan las «Aguilas de la Selva Negra», como se le llama al equipo nacional de salto de esquí.

De Titisee-Neustadt, carretera y rieles nos guían a través del estrecho valle del Höllental (Valle del Infierno) bajando hacia Freiburg en Breisgau, la capital de Baden del Sur. La antigua ciudad de los Zähringer es sede de un arzobispo católico. Y él tiene su silla en una de las más maravillosas iglesias góticas que han sido alguna vez construidas. «La más bella torre de la cristiandad», así se llama a la torre de la iglesia de la Catedral de Freiburg a causa de su cofia octogonal. A los pies de la Casa de Dios se encuentran los campesinos y los jardineros de las regiones del Breisgau, Markgräflerland y de los valles de la Selva Negra ofreciendo sus frutas, verduras, hierbas y tés. Un colorido agitar se aprecia en la plaza del mercado. Muchos estudiantes se dejan atrapar por la atmósfera de esta famosa ciudad universitaria. Además es también un lugar donde es bonito vivir con su clima soleado y sureño.

Delante de los portones de Freiburg, se extienden Breisgau, Tuniberg y Kaiserstuhl (Silla del Emperador), aquí crecen en las terrazas de la reforma agrícola viñedos que producen vinos fuertes «engreídos por el sol». En el oeste, directamente a orillas del Rhein, está ubicada Breisach, en las alturas sobre la ciudad reina la Catedral de Sankt Stephan (San Esteban), en cuyo interior se encuentran las más finas obras de arte del gótico tardío.

Al norte de Kaiserstuhl comienza ya la región de Ortenau cuyo lugar principal se llama Offenburg. Este paisaje tiene muchas caras: el llano del río Rhein, viñedos en las pendientes del oeste de la Selva Negra y colinas ricas en bosques.

Aquí se encuentra también el parque de Europa Rust, fundado por una empresa tradicional de montañas rusas y de carrouseles. Este país del tiempo libre y de aventura siempre se encuentra al pulso del tiempo con sus atracciones y capta cada año más de tres millones de visitantes a través de sus portales.

Cerca de Kehl, el famoso Puente de Europa atraviesa el río Rhein, une Alemania con Francia y simboliza entendimiento y amistad entre los pueblos.

A través del valle de Kinzig, pasando los pintorescos lugares Gengenbach, Haslach y Hausach salimos de la región de Ortenau. Cerca de Hausach son presentadas piezas de museo de un tipo muy especial: en el museo al aire libre Vogtsbauernhof (Hacienda del Corregidor) se encuentran haciendas típicas de la Selva Negra con sus grandes techos de madera y paja. Además una gran cantidad de objetos de interior e instrumentos de labranza. En éste y muchos otros museos al aire libre del país se puede conocer mucho sobre las costumbres y formas de vida de los antepasados.

Sigamos subiendo el río Kinzig. Llegamos a Alpirsbach, lugar famoso por su convento y su cervecería. Después llegamos a Freudenstadt (Ciudad de las Alegrías), ciudad de planificación del renacimiento. El duque Friedrich I de Württemberg fundó aquí en 1599 un asentamiento que se construyó a los alrededores de una plaza de mercado cuadrada.

En Baiersbronn, solamente a algunos pocos kilómetros de distancia de Freudenstadt pero ya en el valle de la Murg, cocinan no sólo uno sino tres cocineros de tres estrellas compitiendo entre sí y por halagar el gusto de los sibaritas.

Pasando las ciudades de Klosterreichenbach y Forbach seguimos bajando el río Murg hasta la hermosa y pequeña ciudad de Gernsbach. Desde aquí hay solamente un corto trecho en dirección al oeste y ya estamos en el valle del río Oos en el extraordinario balneario Baden-Baden; donde encontramos una sala del balneario, casino, lujosos hoteles y baños termales. Una sala de eventos modernísima y delante de los portones de la ciudad, en Iffezheim, incluso un hipódromo internacionalmente conocido.

Baden-Baden es un importante centro de los medios masivos de comunicación: con estudios de televisión y radio, editoriales, empresas de investigación de los medios de comunicación, anfitriones-web y la Academia Europea de Ciencias de la Comunicación y Eventos. Otra vez, sólo un trecho más, esta vez hacia el norte y estamos en el «Versailles de Baden». El imponente castillo forma el centro de Rastatt. Hoy alberga también el lugar de conmemoracion de los movimientos de libertad en la historia alemana.

Avanzamos por la región Pfinzgau y seguimos rumbo a la ciudad de las joyas Pforzheim. El 23 de febrero de 1945, la ciudad fue bombardeada por los aliados y dejó en el lapso de 20 minutos todo el centro de la ciudad en escombros. Casi 20.000 personas encontraron ese día la muerte. Al fin de la Segunda Guerra Mundial, la ciudad fue reconstruida de una manera moderna. Hoy tiene 120.000 habitantes.

Una pequeña excursión subiendo el valle del río Nagold nos conduce a las ruinas del Convento Hirsau cerca de Calw. Aquí se encontraba antiguamente una de las abadías más grandes del espacio alemán. Hoy se representan obras de teatro entre sus muros; sus conciertos a la luz de las antorchas atraen a muchos visitantes.

Calw misma es digna de verse. En esta ciudad, productores de textiles y tintoreros exportaban antes sus productos a medio mundo. La ubicación cerca al río de esta zona rica en bosques ayudaron al florecimiento del comercio de madera y la Compania de Comercio de Sal de Calw poseía el monopolio de la sal en Württemberg. En esta pequeña ciudad rural, nació y creció Hermann Hesse, Premio Nobel de Literatura y el escritor de lengua alemana más leído en el siglo XX.

Ahora ponemos el pie en el extenso y onduloso paisaje de la región de Kraichgau.

No muy lejos de Bretten, la ciudad natal del humanista Philipp Melanchthon, se encuentra el antiguo Convento de los Cistercienses Maulbronn, que ha sido declarado, por la UNESCO, Patrimonio Cultural de la Humanidad.

Solamente la isla conventual Reichenau, en el Lago de Constanza ha sido reconocida con este mérito en Baden-Württemberg.

Regresemos al valle del Rhein, aquí nos recibe la ciudad de los espárragos y ciudad residencial Bruchsal. Los príncipes-obispos de Speyer, al lado izquierdo del Rhein, tenían aquí sus tierras y crearon para ellos una ciudad representativa residencial al estilo barroco.

Nuestro viaje llega a su fin con la cumbre final. La ciudad que va a ser descrita impresiona cuando se observa desde el aire por su construcción en forma de estrella. Fue el lugar de residencia de los condes de la Mark de Baden. Fue la capital del Großherzogtum Baden (Gran Ducado de Baden), es la sede del Tribunal Constitucional y de la Corte Suprema. Esta ciudad es el centro cultural y comercial de toda la región del Norte de Baden. Aquí hay escuelas superiores e institutos de investigación internacionalmente conocidos. Aquí se encuentra uno de los más grandes puertos fluviales internos de Alemania. Hemos descrito a Karlsruhe, la Ciudad del Abanico.

Las calles y los caminos llevan a todas las direcciones del cielo partiendo del castillo. Debían de unir al castillo con todos los lugares del antiguo Condado de la Mark.

Quizás simplemente se debería de alargar uno de los caminos que nos llevan en dirección al sudeste. Con seguridad habría entonces una conexión directa, sin desvíos hasta Stuttgart uniendo así los dos centros del país, del pais de Baden-Württemberg.

Die Deutsche Bibliothek – CIP-Einheitsaufnahme
Ein Titeldatensatz für diese Publikation ist bei Der Deutschen Bibliothek erhältlich.

1 2 3 4 5 05 04 03 02 01

Übersetzung ins Englische: Hamida Aziz, Tübingen.
Übersetzung ins Französische: Huguette Alemdar, Tübingen.
Übersetzung ins Spanische: Nani Mosquera-Schwenninger, Tübingen.
Bildnachweis:
Dr. Andreas Beck: Einbandvorderseite, Einbandrückseite, Seite 58, 59, 66/67, 68/69, 72, 74/75, 77, 79, 92/93, 98/99, 108/109, 111 u., 118, 120 u., 151, 154 o.
Rainer Fieselmann: Vorderes Vorsatzpapier, Seite 2, 5, 6, 6/7, 9, 11 o., 11 u., 12 o., 13 o., 13 u., 15, 16, 18, 19, 20, 21, 24 o., 24 u., 26, 27, 28, 31 o., 31 u., 32, 33, 34, 35 o., 35 u., 38/39, 39, 40 o., 40 u., 44 o., 44 u., 45, 46, 47 o., 47 M., 47 u., 48 o., 50 o., 52, 53 o., 54, 54/55, 57 o., 57 u., 60/61, 62, 63 o., 63 M., 63 u., 64, 65, 69, 70, 70/71, 78 o. li., 78 u. li., 78 re., 80, 80/81, 82, 83, 84/85, 85, 86, 87 o. li., 87 o. re., 87 u., 88, 89, 90 o., 90 u., 92, 94/95, 95, 97 o., 97 u., 100, 101 o., 102 o., 102 u., 103, 104, 105 o., 105 u., 106 o., 106 u., 106/107, 110, 111 o., 112 o., 112 u., 113 o., 114/115, 115 o., 115 u., 116, 120 o., 122, 123 o., 123 u., 124 o., 124 u., 125 o., 125 u., 127, 129 o., 129 M., 129 u., 130, 131, 132, 134, 134/135, 137, 138, 139 o., 139 u., 140/141, 141, 142/143, 143, 145 o., 145 u., 146/147, 147, 149, 152 o., 152 u., 153 o., 153 u., 154 u., 156, 157, 158, 159, 160/161, 161, 162, 163, 164, 165, 166, 167 o., 167 u., 168 o., 168 u., 170/171, 171 o., 171 u., 172, 173 o., 173 u.
Manfred Grohe: Seite 4/5, 8/9, 10 o. li., 10 o. re., 10 u., 12 u., 14/15, 24/25, 28/29, 30, 36/37, 40/41, 42, 42/43, 48/49, 51, 53 u., 56/57, 61, 74, 76/77, 90/91, 96/97, 113 u., 117, 118/119, 120/121, 126/127, 128, 133, 136/137, 144/145, 148/149, 150/151, 154/155, 168/169, 176.
Breuninger Stuttgart: Seite 48 u.
Siegfried Geyer/Geyer Luftbild: Seite 17, 22/23.
Manfred Grohe/Stadtverwaltung Albstadt: Seite 72/73.
Rose Hajdu: Seite 37.
Hilde Jensen/Universität Tübingen, Institut für Ur- und Frühgeschichte und Archäologie des Mittelalters, Abteilung Ältere Urgeschichte und Quartärökologie: Seite 101 u. (Bild gekontert).
Dr. Ing. h. c. F. Porsche AG: Seite 50 u.
Peter Sandbiller: Seite 174, 175.
Jürgen Weller/Freilichtspiele Schwäbisch Hall: Seite 23.
Die Karte auf dem hinteren Vorsatzpapier wurde eigens für dieses Buch gefertigt. © Copyright 2001 Geo Map Medienagentur GmbH, Stuttgart.
Umschlaggestaltung: Frank Butzer, Tübingen.
Reproduktionen: M&S Digitalrepro, Herrenberg.
Druck: Kurt Grammlich, Pliezhausen.

ISBN 3-87407-390-4

Besuchen Sie uns im Internet und entdecken Sie die Vielfalt unseres Verlagsprogramms:
www.silberburg.com

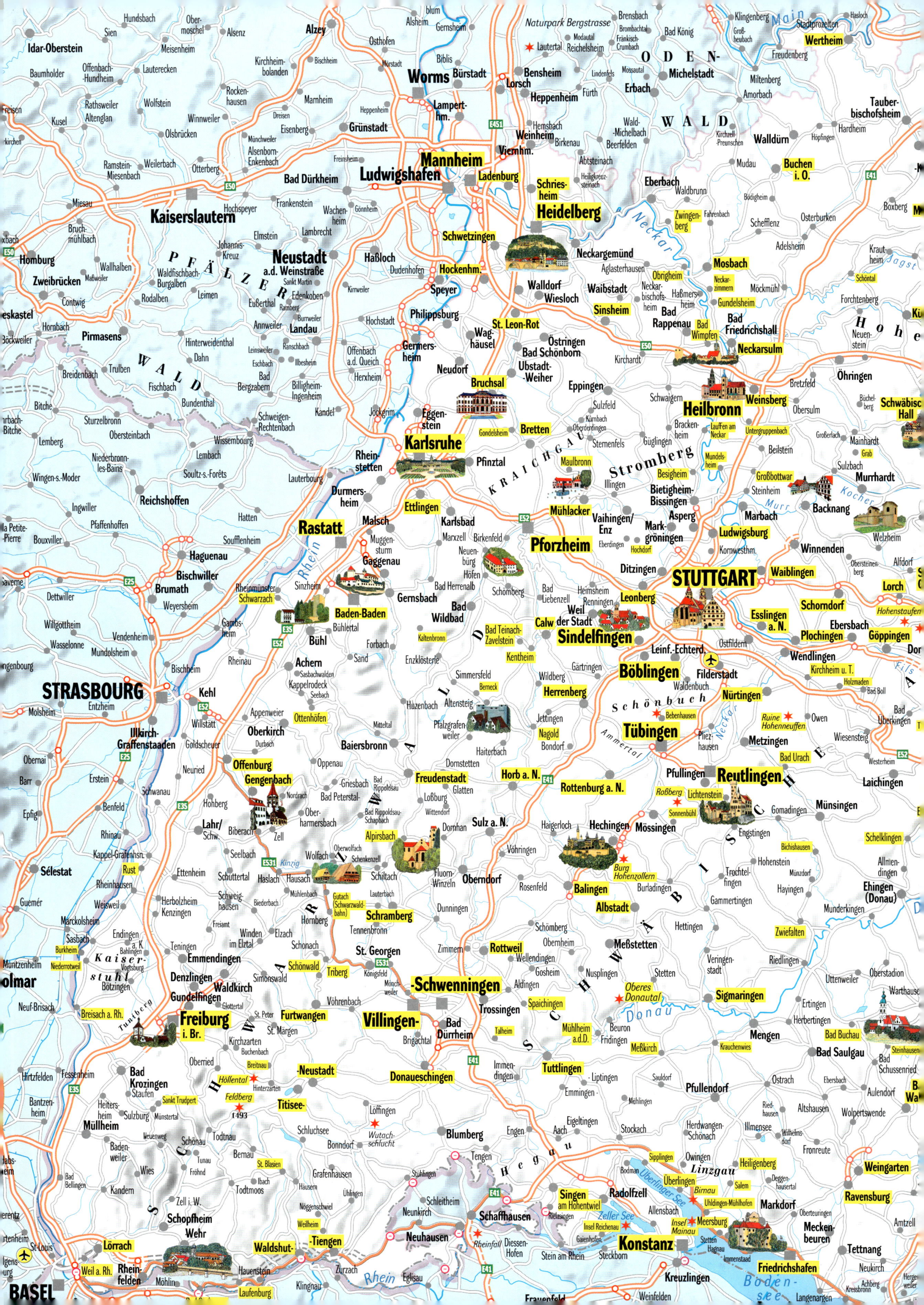
Idar-Oberstein
Baumholder
Kusel
Kaiserslautern
Homburg
Zweibrücken
Pirmasens
Pfälzer Wald
Alzey
Worms
Bürstadt
Lampertheim
Grünstadt
Bad Dürkheim
Ludwigshafen
Mannheim
Ladenburg
Viernheim
Weinheim
Bensheim
Lorsch
Heppenheim
Erbach
Michelstadt
Odenwald
Miltenberg
Amorbach
Wertheim
Tauberbischofsheim
Walldürn
Buchen i. O.
Eberbach
Schriesheim
Heidelberg
Neckar
Neckargemünd
Schwetzingen
Hockenheim
Speyer
Neustadt a.d. Weinstraße
Landau
Haßloch
Philippsburg
Waghäusel
St. Leon-Rot
Walldorf
Wiesloch
Waibstadt
Sinsheim
Mosbach
Bad Rappenau
Bad Wimpfen
Bad Friedrichshall
Neckarsulm
Germersheim
Bruchsal
Bad Schönborn
Östringen
Ubstadt-Weiher
Eppingen
Heilbronn
Weinsberg
Öhringen
Schwäbisch Hall
Bretten
Karlsruhe
Rheinstetten
Pfinztal
Kraichgau
Stromberg
Maulbronn
Besigheim
Bietigheim-Bissingen
Großbottwar
Murrhardt
Backnang
Marbach
Asperg
Ludwigsburg
Kornwestheim
Winnenden
Waiblingen
Mühlacker
Vaihingen/Enz
Markgröningen
Pforzheim
Ettlingen
Karlsbad
Rastatt
Malsch
Gaggenau
Haguenau
Bischwiller
Brumath
Wissembourg
Lauterbourg
Reichshoffen
Baden-Baden
Gernsbach
Bad Wildbad
Calw
Weil der Stadt
Leonberg
Sindelfingen
Ditzingen
STUTTGART
Esslingen a. N.
Schorndorf
Plochingen
Ebersbach
Göppingen
Wendlingen
Filderstadt
Leinf.-Echterd.
Ostfildern
Böblingen
Herrenberg
Nagold
Nürtingen
Kirchheim u. T.
Schönbuch
Tübingen
Rottenburg a. N.
Metzingen
Reutlingen
Pfullingen
Bad Urach
Lichtenstein
Münsingen
Laichingen
Bühl
Achern
Kehl
STRASBOURG
Illkirch-Graffenstaden
Oberkirch
Offenburg
Gengenbach
Ottenhöfen
Baiersbronn
Freudenstadt
Horb a. N.
Lahr/Schw.
Hechingen
Mössingen
Balingen
Albstadt
Burg Hohenzollern
Schwäbische Alb
Sélestat
Alpirsbach
Schiltach
Wolfach
Haslach
Oberndorf
Sulz a. N.
Schramberg
Rottweil
Emmendingen
Kaiserstuhl
Waldkirch
Denzlingen
Gundelfingen
Freiburg i. Br.
Breisach a. Rh.
Schwarzwald
St. Georgen
Triberg
Furtwangen
Villingen-Schwenningen
Bad Dürrheim
Trossingen
Spaichingen
Tuttlingen
Donaueschingen
Sigmaringen
Meßkirch
Mengen
Bad Saulgau
Pfullendorf
Riedlingen
Ehingen (Donau)
Donau
Oberes Donautal
Bad Krozingen
Staufen
Müllheim
Titisee-Neustadt
Feldberg
Höllental
Blumberg
Engen
Singen am Hohentwiel
Radolfzell
Hegau
Stockach
Überlingen
Meersburg
Insel Mainau
Konstanz
Markdorf
Friedrichshafen
Ravensburg
Weingarten
Tettnang
Bodensee
Schaffhausen
Neuhausen
Rheinfall
Waldshut-Tiengen
Lörrach
Weil a. Rh.
Rheinfelden
BASEL
Schopfheim
Wehr
Laufenburg
Rhein
Colmar